やるべきことがストーリーでわかる

親の介護の不安や疑問が

解消する本

田中 克典

日本実業出版社

プロローグ

元気だった父が突然脳梗塞で入院。長い介護生活が始まった
〜漁平さんの事例を通して学ぶ〜

　浜野漁平さんは78歳。関東近郊の海沿いの町で暮らしています。地元の水産加工会社を定年退職し、老後は奥さんの浪江さん（74歳）と旅行に出かけたり、買物や映画を観にいくなど、悠々自適の生活を送っていました。ご近所の人々とも親しくして、週末は浜辺で昔からの友人とよくバーベキューをして楽しんでいました。

　漁平さんは奥さんと二人暮らしで、長男の洋介さんは東京都内に住み、実家に帰るのは月1回程度。長女の津島渚さんは隣町で暮らしていて実家には週末ごとに帰り、両親とはよく夕食を一緒に食べています。

　漁平さんは日頃から血圧が高めで、医師から血圧を下げる薬はもらって飲んでいましたが、ある日脳梗塞で倒れてしまったのです。緊急入院して幸い命に別状はなかったものの、左半身にマヒが残ってしまいました。

　入院してから、浜野さん一家の生活は一変しました。妻の浪江さんは毎日面会に行き、身の回りの世話をしています。渚さんも、仕事の帰りにほぼ毎日病院に立ち寄るようになりました。

　入院から3週間がたち、漁平さんは杖を使って歩く練習ができるまで回復して、病院からは、そろそろ退院してほしいといわれています。漁平さん本人が希望すれば、リハビリ病院への転院や、介護老人保健施設への入所も紹介してもらえるようです。

　しかし、頑固な漁平さんは、どうしても退院して自宅に帰ると言い張っています。歩くのもおぼつかない状態で、果たして自宅で元の生活ができるのか、妻の浪江さんは不安を感じて、長女の渚さんとともに思案に暮れています。

　さて、こんなとき、浜野さん一家はどうしたらいいのでしょうか？

本書は、漁平さんが脳梗塞で倒れて介護が必要になった場面から始まります。初めて介護に直面した浜野さん一家が、聞き慣れない言葉や次々と待ち構える問題に対して、一つひとつ解決していく場面を時系列で解説していきます。

　介護保険サービスは、利用手続きが複雑でわかりにくいため、順を追って理解しながら、使えるようになることが大切です。そこで本書では、単なる解説ではなく、現役ケアマネジャーが日頃の業務で体験した生きた情報を随所に盛り込みながら、わかりやすく説明していきます。

　2025年には、約800万人ともいわれる団塊の世代の人たちが全員75歳を迎え、日本全体では75歳以上の人口は2,000万人に達すると予測されています。75歳を過ぎると、認知症や内臓疾患、転倒による骨折などで、介護を必要とする割合が格段に増えます。

　そうなると、需要と供給のバランスが崩れて、介護保険サービスが簡単に使えない状況になるかもしれません。いわゆる介護難民の出現です。

　いざというときにあわてないために、本書で介護保険サービスの使い方や、介護生活の乗り切り方を知っておきましょう。決して他人事ではありません。突然あなたの身に降りかかってくるのが、親の介護問題です。

　では、これから始まる浜野さん一家の介護生活を追いながら、「明日は我が身」と身近に感じていただけるよう話を進めていきましょう。

　2019年10月　　　　　　　　　　　　　　　　　　田中　克典

本書の内容は2019年（令和元年）10月1日現在の法令等に基づいています。また、本書中で紹介する事例は、実例をベースにしてプライバシー保護のために一部を創作するなどの配慮をしています。

やるべきことがストーリーでわかる
親の介護の不安や疑問が解消する本　●目次●

プロローグ

第1章　介護保険の申請から認定まで

1 介護保険サービスは認定を受けないと使えない　12

「介護保険制度」のしくみ ● 利用するには「申請」と「認定」が必要 ● 年齢と疾患によって利用制限がある

2 介護保険でどんなサービスが受けられる?　16

介護保険サービスは多種多様 ● 申請は役所の窓口以外でもできる

3 使うには申請後、訪問調査を経て認定を受ける必要がある　20

保険証だけではサービスは使えない ● 患者からも主治医に記入の依頼をしておく ● ケアマネジャーに立会いを依頼する

4 訪問調査では、身体の状態や生活状況、認知症の症状などを聞かれる　24

介護度を決める「訪問調査」 ● 概況調査で申請理由などを伝える ● 実際に動作を行なうこともある ● 訪問調査は1時間程度で終わる ● 日頃の状況を正確に伝える

5 要介護認定の結果が出なくても、申請日から暫定的に使うことができる　30

必要最小限のサービスで利用開始

事例 仮のケアプランでサービスを受けて自己負担が発生

6 要介護認定の結果が届いたらすべきこと①　入院中なら退院の準備をする　33

退院前の一時帰宅でバリアフリー点検 ● 介護保険サービスの利用を検討する

7 要介護認定の結果が届いたらすべきこと②　一時帰宅で自宅のバリアフリー点検を　36

自宅での動作を専門家が検証 ● 介護が必要になると転倒リスクも高まる ● バリアフリー工事は事前申請が原則 ● レンタル業者に工事の見積りを ● 保険枠を超えた場合は全額自己負担

8 要介護認定の結果が届いたらすべきこと③　ケアマネジャーに今後の相談をする　41

ケアマネジャーを選ぶ際のポイント ● ケアマネジャーの事業所との契約 ● 役所への
届け出が必要

1分でわかる第1章のまとめ　44

第2章　介護保険サービスが使えるようになるまで

1 退院後の生活はケアマネジャーに課題分析してもらう　46

退院後の生活課題を整理 ● 課題を解決するために利用する ● 介護サービス事業所と
利用契約を結ぶ

2 退院後の在宅サービスは、入院中のケア会議で決める　50

退院前ケア会議の開催 ● 介護サービス事業所は当事者が選んで決める

3 デイサービスとデイケアは、日帰りで使えるサービス　54

デイサービスとデイケアのちがい ● 認知症対応型デイサービスもある ● デイサービ
スの形態は多種多様 ● 通所施設は全国に4万6,000か所 ● いいデイサービス施設
の見分け方 ● まずは一度見学を

4 ケアプランは、介護サービスを利用するための設計図　60

少しでも状態がよくなることが目的

5 ケアプランでは状態の改善を目標にする　63

能力の維持向上に努める ● 認知症の人の目標設定 ● 離れて暮らす両親の生活は?

6 ケアプランは、一度決めても必要に応じて変更できる　71

サービスの組み合わせと利用量がポイント ● 徐々に回数を減らす場合も

7 ケアマネジャーや介護スタッフとは何でも相談できる関係に　73

何でも相談できる関係づくりを ● ケアマネジャーは介護保険サービスのガイド役
● 介護スタッフとの信頼関係を

8 自分が利用したい介護事業所を選んで契約する　76

介護サービス事業所は、選んで決められる ● 契約の解除はいつでも可能
1分でわかる第2章のまとめ　78

第3章　退院後のサービス利用とトラブル解決法

1 退院後の日常生活は医療・介護の専門チームが支える　80

退院後は自宅での生活が中心 ● 介護スタッフを受け入れる準備を

2 ケアマネジャーが定期訪問して、介護保険サービスや生活状況を確認する　82

介護保険サービスは定期的に検証する ● 気になることはケアマネジャーに相談する

3 介護事業所で事故が発生したときは？　84

介護現場は、危険がともなう ● 介護事故が発生した場合の対応例 ● 施設側の過失の
有無がポイント

　事例　施設内で事故が起こったとき

4 介護事業所を変更したいときはケアマネジャーに相談する　87

介護サービス事業所は自由に選べる ● 利用契約の解約も簡単にできる ● 行政に間に
入ってもらうことも

5 担当ケアマネジャーも変更できる　90

ケアマネジャーの変更は事業所の管理者に ● こんな場合は自動解約に

6 認定更新の時期が来たら、再申請手続きをケアマネジャーに依頼する　92

介護保険は更新手続きが必要 ● 申請後は新規申請と同様に訪問調査を ● 更新認定結
果に不満がある場合は？

7 状態が悪化した場合は、認定期間内でも変更申請や審査請求ができる　98

再申請は、いつでもできる ● 介護度が上がると介護費用も高くなる ● 変更申請で不
満が残る場合は審査請求できる

8 利用者本人や家族の個人情報はしっかり守られる　101

改正法で個人情報の範囲が拡大 ● 介護保険サービスはプライバシーを扱う業務 ● プライバシー保護には尊厳の保持も

1分でわかる第3章のまとめ　104

第4章　介護にいくらかかるか確認しよう

1 親の預貯金や収支状況をよく知ろう　106

介護保険料は一生払い続ける ● 親の年金額を知る

2 毎月のサービス利用票・別表はどう見たらいい?　108

高齢期は毎月、医療費と介護費がかかる ●「サービス利用票」「サービス利用票別表」とは?

3 デイサービスは1日いくらかかる?　115

要介護1の人で1日1,500円程度 ● サービス利用票別表の見方

4 ヘルパーに1時間来てもらうと、いくらかかる?　117

「生活援助」はいずれ廃止に ● 生活援助から身体介護に移行する ● 訪問介護事業所を選ぶ際の留意点

事例　生活援助を自立支援型プランに切り替えた例

5 訪問看護は割高って聞いたけど?　122

自宅の一部が診療所に

事例　訪問看護で安心な生活を手に入れる

6 介護保険が適用される福祉用具は、レンタルしよう　125

介護用ベッドの導入は慎重に ● レンタル価格の比較が重要 ● レンタルと購入を比較すると

7 浴室用イスやトイレ用品などが保険対象の購入品　129

保険対象は1割から3割負担で購入できる ● 購入品は、安い業者を選ぶ

8 一定額を超えた介護費用は、高額介護サービス費として還付される　132

介護費用の総額を知る ●高額介護サービス費制度とは？●高額医療・高額介護合算
療養費制度もある

9 ショートステイの食費や部屋代は、所得や資産が一定以下なら軽減される　135

特定入所者介護サービス費制度とは？

10 介護保険サービスの費用は、決めた予算内でまかなうこと　137

介護費用の予算を決める ●介護保険サービスは金額に合わせた調整が可能 ●世帯分
離という方法もある ●光熱費の見直しが必要になるときも
　　事例 世帯分離で介護保険料が安くなった
　　コラム●介護保険料を滞納するとどうなる？　141
　　1分でわかる第4章のまとめ　142

第5章　介護生活をもっと充実させる方法

1 リハビリに取り組んで次のステップへ　144

介護保険法に国民の努力義務が明記 ●リハビリは一生続けるもの？ ●次のステップ
を踏み出すために

2 離れて暮らす家族も親の介護に参加する　147

介護負担を分散させる ●親の状態を知ったうえで会議に臨む ●介護保険サービスの
受給者は全国で565万人

3 主治医や病院との上手な付き合い方　151

主治医に生活状況を詳しく伝える ●入院後は早期の退院を目指す

4 訪問診療、訪問歯科診療をかしこく使おう　154

通院が困難な場合は訪問診療を ●歯科にも訪問診療がある ●訪問歯科診療に切り替
えるタイミング
　　事例 通院を訪問診療に切り替えて介護費用を削減

5 転ばぬ先の杖、定期点検で転倒事故を防止する　158

「骨折・転倒」が要介護状態になるきっかけに ● 介護度が軽い人ほど転倒しやすい！ ● 転倒事故の原因を探る ● 「報告→検証→改善策」のサイクルが大切

事例1 室内の段差による転倒

事例2 視力低下による階段滑落

事例3 薬の副作用による転倒

6 親の介護は平均5年弱続く　162

介護はゴールのないマラソン？ ● 親の生きがいを見つける ● 認知機能を維持するためには

事例1 趣味のちぎり絵が生きがいに

事例2 認知症になっても会計担当を継続

7 物忘れと認知症、何がどうちがう？　166

老化による物忘れと認知症のちがい ● 効果的な認知症予防策

コラム ● 高齢ドライバーの運転免許はいつ返上したらいい？　169

1分でわかる第5章のまとめ　170

第6章　どうする？　親の認知症対策

1 徐々に進行する認知症の初期のサインを見逃すな （軽度認知障害）　172

認知症は誰もがなる可能性がある ● MCIの段階で対応する

2 被害妄想が合図。始まったら冷静な反応を （認知症ランク中度）　174

いままでとちがう神経ネットワークができる ● 親の被害妄想への対応方法 ● 日中はできるだけ外出を促す

事例 ヘルパーさんが疑われた！

3 徘徊に進行する前に万全な対策を！ （認知症ランク中度）　178

漁平さん、家に帰れなくなる ● 徘徊感知機器をレンタルする方法も

④ 夜の介護が大変になったらショートステイを利用する（認知症ランク中度）180

ショートステイで夜間の介護から解放される ● 小規模多機能型居宅介護施設を利用したケース ● ショートステイの利用を機に施設入所を検討

事例1 「施設に入れられる」という不安を取り除く

事例2 小規模多機能型居宅介護施設の利用で夫婦ともに安心

⑤ 認知症カフェなど、新たな居場所づくりに挑戦（認知症ランク軽度～中度）185

認知症カフェはオランダが発祥 ● 認知症カフェは「地域のお茶の間」

事例 心臓疾患をかかえながらスタッフとして働く

⑥ 介護施設への入居のタイミングは？（認知症ランク中度～重度）188

高齢者の介護施設は多種多様 ● 認知症グループホームという選択も ● 民間の紹介会社を活用

事例1 息子からの同居話を断って特養に入居

事例2 家族がサ高住への入居を希望

事例3 認知症デイサービスの利用者が認知症グループホームへ入居

⑦ 介護の負担は家族で分担して乗り切る 194

介護の苦労は仲間に打ち明ける ● ダブルケアでは子育てを優先 ● 仕事をやめないことを前提に

1分でわかる第6章のまとめ　197

エピローグ

カバー装丁／三枝未央
カバーイラスト／yoshi/PIXTA（ピクスタ）
本文DTP／ダーツ
本文イラスト／ぜんごゆうこ
著者エージェント／アップルシード・エージェンシー

本書の主な登場人物

浜野家の人たち

浜野漁平（78歳）
本人（介護サービス利用者）
東京下町生まれ。結婚を機に、千葉県沿岸部の現在地に転居。地元の水産加工会社で60歳の定年まで勤務。定年後は、趣味の旅行や、浜辺のバーベキュー、磯釣りなどを楽しんでいた。江戸っ子気質で、気が短く、一度決めたことは頑として譲らない性格。

浜野浪江（74歳）
妻
千葉県生まれ。漁平さんとは職場結婚。専業主婦として家事を切り盛りしてきた。地元の友人も多く趣味はスイミング。

津島渚（42歳）
長女★キーパーソン
隣町に住み、実家にはよく来て、両親の世話をしている。父親譲りで負けん気が強い。

浜野洋介（44歳）
長男
都内在住だが、両親のことは何かと心配で、月1回は実家に帰ってくる。

医療・介護の関係者

岬真帆
医療相談員

潮見沙織
ケアマネジャー

磯崎先生
主治医

第1章

介護保険の申請から認定まで

　介護保険サービスは、まずは役所に申請して認定を受けないことには使えません。第1章では、初めて介護保険サービスの利用を申請して認定を受けるまでの流れを、医療保険とのちがいと比較しながら、時系列に紹介します。

1 介護保険サービスは認定を受けないと使えない

渚　父はすぐにでも退院したいと言い張っていますが、まだ無理だと思うんですよ……。これから先、どうしたらいいでしょうか？

岬　そうですね、退院してからのご自宅での生活で必要になるので、まずは介護保険の申請をなさったらどうでしょう？

浪江　介護保険の申請？

岬　入院中でも申請することができますし、入院中に介護度が決まれば、退院と同時にご自宅で介護保険サービスが使えます

● 「介護保険制度」のしくみ

　介護保険制度は、これまで家族が担ってきた高齢者の介護を、社会全体で支えようと2000年（平成12年）に創設された社会保険です。医療保険、年金保険、労災保険、雇用保険に次ぐ5番目の公的な保険制度です。

　介護保険では市区町村が保険者となり、被保険者から保険料を徴収し、実際の介護保険サービスは、民間の事業者が提供します。被保険者が介護保険サービスを利用するときは、利用料として総額の1割から3割を支払い、残りは保険料と税金でまかなうことになっています。

● 利用するには「申請」と「認定」が必要

　次ページ図のように、介護保険サービスを利用するためには、役所に申請して、「要介護1」「要介護2」などといわれる認定を受ける必要があります。申請は、役所の窓口のほか、地域包括支援センターでも受け付けてくれます。

　地域包括支援センターは、介護・福祉・医療の相談ができる機関です。保健師や主任ケアマネジャーがいて、役所が閉まっている夜間や休日にも対応してくれ、必要があれば自宅まで訪問してくれます。

第1章●介護保険の申請から認定まで

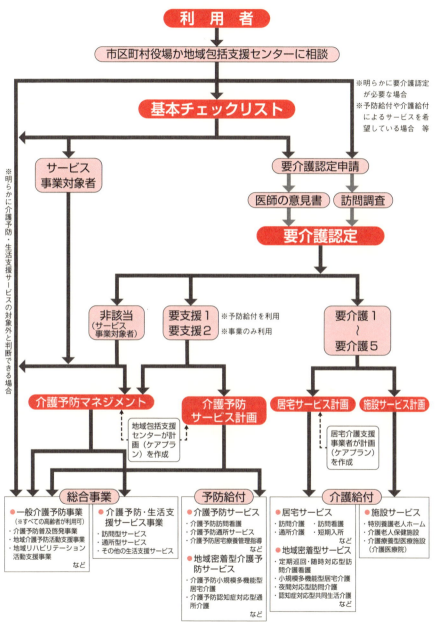

出典：厚生労働省老健局「日本の介護保険制度について」より作成

介護保険サービスを利用するためには、まず初めに要介護認定の申請が必要です。これが、保険証1枚で全国どこの医療機関でも、いつでもサービスが受けられる医療保険との大きなちがいです。

　申請を受けた市区町村は、本人の心身の状態を調査し、非該当から要支援1または2、要介護1から5までのランクで認定します。このランクによって、使える介護保険サービスの量が変わります。つまり、介護度の重い人ほど、保険で使えるサービス量が増えていきます。

　介護保険では、65歳になると役所から「介護保険証」が送られてきますが、認定を受け、介護保険証に要介護度や認定期間が記載されて初めて、その内容に応じた介護保険サービスを使うことができます。

●年齢と疾患によって利用制限がある

　介護保険制度では、65歳以上の人を第1号被保険者といい、40歳から64歳までの人を第2号被保険者といいます。40歳から加入が義務づけられ、40歳になると会社員などは給料からの天引きなどによって介護保険料が徴収されます。自営業者などは、役所から送られてくる納付書で介護保険料を納めます。

　高齢者が病気やケガで入院した場合、退院後は長い介護生活が続く可能性があります。入院中に医療相談員を通じて介護保険を申請して認定を受けないと、退院してすぐに介護保険サービスを利用することはできません。退院後のことを見越して、要介護認定の申請をしましょう。

◆ 第1号被保険者と第2号被保険者のちがい ◆

| 65歳以上の人は
第1号被保険者

サービスを利用できるのは介護や支援が必要であると認定された人

どんな病気やけががもとで介護が必要になったかは問われません。 | 40〜64歳の人は
第2号被保険者

サービスを利用できるのは特定疾病（老化が原因とされる病気）により介護や支援が必要であると認定された人 |

第1章●介護保険の申請から認定まで

　一方、40歳から64歳までの人は、保険料は払う義務がありますが、実際に介護保険サービスが使えるのは、脳梗塞後遺症など加齢にともなって生じる以下の16の特定疾病になった場合に限られます。

◆ **特定疾病** ◆

- ●末期がん
- ●関節リウマチ
- ●筋萎縮性側索硬化症
- ●後縦靱帯骨化症
- ●骨折を伴う骨粗鬆症
- ●初老期における認知症
- ●パーキンソン病関連疾患
- ●脊髄小脳変性症
- ●両側の膝関節又は股関節に著しい
  変形を伴う変形性関節症
- ●脊柱管狭窄症
- ●早老症
- ●多系統萎縮症
- ●糖尿病性神経障害、糖尿病性腎症
  及び糖尿病性網膜症
- ●脳血管疾患
- ●閉塞性動脈硬化症
- ●慢性閉塞性肺疾患

　ただし、介護保険料は介護保険サービスを受けるようになっても、年金からの天引きなどで払い続ける必要があります。

　介護保険料は、基本的に給料や年金から天引きされるため、支払っているという感覚があまりありません。また、実際に介護保険サービスの利用が開始されると、保険料の納付が中止されると思っている人も多いですが、保険料は医療保険と同様に終身払い続ける必要があります。ここが、支払いと受け取りが分かれる年金制度と大きくちがうところです。

　第1号、第2号被保険者にかかわらず、申請費用や認定に係る費用はすべて公費で賄われるため、利用者の自己負担はありません。

●ポイント

- ●介護保険サービスは、申請して要介護認定を受けて初めて利用できる
- ●入院中でも、介護保険の申請手続きをすることができる
- ●特定疾病の人は40歳から、それ以外の人は65歳から利用できる

サービス利用までの流れ

① 申請

② 訪問調査

③ 審査・判定（要介護認定）

④ 結果の通知

⑤ サービスの選択

⑥ ケアプラン作成

⑦ サービス利用

15

2 介護保険でどんなサービスが受けられる？

渚　介護保険で申請がとおると、よく聞くデイサービスとかにも通えるんですか？

岬　ええ、人によって負担は1割から3割と異なりますが、役所への手続きが済めば、保険サービスが受けられます

渚　父は、退院して自宅に帰ると決めているようですが、自宅で受けられるサービスってどんなものですか？

岬　デイサービスもそうですが、リハビリが受けられるデイケアや、福祉用具のレンタル、それに介護ヘルパーに来てもらうこともできます

●介護保険サービスは多種多様

　要介護認定を受けたあと利用できる介護保険サービスは、「施設サービス」と「居宅サービス」に大きく分かれます。施設サービスは、公的施設である特別養護老人ホームや介護老人保健施設などの入所施設サービスを受けることができます。公的施設には、このほかにケアハウス（軽費老人ホーム）がありますが、こちらでは介護保険サービスは使えません。認知症グループホームでは介護保険サービスが受けられます。民間施設として、介護付き有料老人ホームや住宅型有料老人ホームなどがあります。

　最近は、サービス付き高齢者向け賃貸住宅（サ高住）が急速に増えています。

　一方、居宅サービスは、自宅に居ながら訪問サービスを受けたり、通所施設等を利用するものです。ヘルパーの派遣やデイサービスの利用などが、これにあたります。一時的に泊まりで介護施設を利用するショートステイも居宅サービスになります。

　まずは、自宅で生活を続けるか、介護施設に入所するかを決めます。特に疾患で入院した場合などは、退院後の生活場所として、自宅か介護施設かの選択を求められます。

第1章 ● 介護保険の申請から認定まで

◆ 介護施設の種類（施設サービス）◆

種　類	施設の名前とサービスの内容
公的施設	**特別養護老人ホーム**　終身施設で、昼夜の介護が受けられる。最近は看取りまで行なう施設も増えている。
	介護老人保健施設　在宅復帰を目指すリハビリ施設で、介護も受けられるが、入所には一定の期限がある。
	介護療養型医療施設（介護医療院）　長期の療養が必要な人を対象に、期限なしで医療・介護の両方のサービスが受けられる。
	ケアハウス（軽費老人ホーム）　低所得者を対象とした比較的自立度の高い人向けの生活施設だが、施設数は少ない。
認知症専門施設	**認知症グループホーム**　少人数で家庭的な介護が受けられる。認知症と診断され、集団生活が可能なことが入居条件となる。
民間施設	**介護付き有料老人ホーム**　終身生活できるが、入居金や月額利用料が高額の施設も多く、最近は低価格化が進んでいる。
	住宅型有料老人ホーム　比較的自立度の高い人向けの施設。介護保険サービスは、併設の訪問介護やデイサービスなどを利用する。
高齢者住宅	**サービス付き高齢者向け賃貸住宅（サ高住）**　バリアフリー仕様で、安否確認や生活相談、食事の提供などのサービスが受けられるが、介護保険サービスは必要に応じて外部に委託する。

　上表と18ページの表に、それぞれのサービスの名前と内容をまとめています。

> 居宅サービスは、自宅に居ながら介護保険サービスを受けるもので、次ページの表のように分類されています。主人の漁平が利用するのは、居宅サービスです

サービス利用までの流れ
① 申請
② 訪問調査
③ 審査・判定（要介護認定）
④ 結果の通知
⑤ サービスの選択
⑥ ケアプラン作成
⑦ サービス利用

17

◆ 介護保険サービスの種類（居宅サービス）◆

目 的	サービスの名前と内容
自宅に来てもらう	**訪問介護**　ヘルパーが身体介護や家事援助などを行なう。117ページ参照
	訪問看護　看護師が病状の観察や床ずれの処置などを行なう。122ページ参照
	訪問入浴介護　簡易浴槽を自宅に運び込み、入浴介助を行なう。
	訪問リハビリ　理学療法士等が、自宅でリハビリ訓練を行なう。
自宅から通う（日帰り）	**通所介護（デイサービス）**　送迎付きで、入浴、食事、レクリエーション等が受けられる。54ページ参照
	通所リハビリ（デイケア）　送迎付きで、入浴や食事の提供、リハビリが受けられる。54ページ参照
自宅を離れて一時的に泊まる	**短期入所生活介護、短期入所療養介護（ショートステイ）**　宿泊しながら、食事や入浴、レクリエーション、夜間の介護が受けられる。180ページ参照
福祉用具を借りる	**福祉用具貸与**　車いすや介護用ベッド、手すりなどを1か月単位で業者から借りられる。移送費や取付け・引取り費用は無料。52ページ参照
福祉用具を買う	**福祉用具購入**　入浴用イスや浴槽グリップなどを保険適用で購入できる。129ページ参照
家をバリアフリー化する	**住宅改修**　手すりの設置や段差解消、洋式便器への交換などの工事費用が20万円まで保険適用される。36ページ参照

●申請は役所の窓口以外でもできる

　医療保険との大きなちがいは、医療保険は保険証が毎年役所から自動的に送られてきてすぐに使えますが、介護保険は自ら申請して、要介護認定を受けなければ使うことができないことです。

　また、認定期間が決められているため、その期間が切れる前に更新の手続きをする必要があります。入院中に初めて申請する場合は、病院の医療相談員が間に入ってくれて、介護保険の申請手続きや退院後の相談、ケアマネジャーの紹介など、なにかと相談に乗ってくれます。遠慮なく話し

て、不安を抱え込まないようにしましょう。

　自宅で生活している人が介護保険を新たに申請する場合は、地域包括支援センターなどに相談するとよいでしょう。**地域包括支援センター**とは、市区町村が中学校区を単位に設置した高齢者のよろず相談所で、保健師、社会福祉士、主任ケアマネジャーが配置されています。

　最近は、役所の介護保険窓口のほか、住んでいる地区の地域包括支援センターが高齢者の相談窓口になっているので、気軽に相談してみてください。地区の地域包括支援センターがわからない場合は、市区町村の介護保険担当窓口に聞くと住所や連絡先を教えてくれます。申請時に必要なものは、介護保険証や主治医の医療機関、医師名などです。

　いずれにしても、申請する前の段階から専門機関に相談して、アドバイスを受けることが重要です。

●ポイント

- 介護保険サービスは、施設サービスと居宅サービスの2種類がある
- 居宅サービスには、通って受ける場合と自宅に来てもらう場合がある
- 入院中は医療相談員、自宅で生活している場合は、地域包括支援センターにそれぞれ相談して申請しよう

施設サービスの種類については17ページをご参照ください

3 使うには申請後、訪問調査を経て認定を受ける必要がある

岸田：こんにちは。網浜市役所の調査員の岸田といいます。これから、浜野さんのお体のことを伺っていきますので、よろしくお願いします

漁平・渚：よろしくお願いします

潮見：私はケアマネジャーの潮見と申します。退院後のサービス利用のために同席させていただきます

岸田：わかりました

●保険証だけではサービスは使えない

　前項でも紹介したとおり、介護保険サービスは医療保険とちがい、申請してもすぐにサービスが使えるわけではありません。

　医療と介護では目的や役割が異なりますが、保険証1枚で全国どこの医療機関でも利用できる手軽さから、過度な受診が増えて医療費が高騰したという反省を踏まえ、介護保険では、実際に介護保険サービスを利用するまでのプロセスが導入されました。これが、「**要介護認定**」のしくみで、介護の必要量を全国一律の基準で客観的に判断し、「要介護1」「要介護2」などの介護度を決めるものです。この介護度を決めるための本人や家族への聞き取りが「**訪問調査**」で、介護度の数字が大きくなるほど重度を意味します。介護度によって、保険で使えるサービス量や条件が異なるので、介護保険制度では重要なプロセスになります。

　要介護認定は、コンピューターによる一次判定と二次判定（最終判定）があり、一次判定は、市区町村の調査員による心身についての聞き取り調査で、全部で74項目あります。漁平さんは、入院先の病院で受けます。

　調査結果はコンピューターで判定します。介護にかかる調査データを数値化したものが判定に使われます。一次判定では、主治医の意見書の一部

もコンピューターに入力され、仮の介護度を出します。

二次判定では、一次判定の結果と、調査員が聞き取った個別の情報、それに主治医が記載した意見書をもとに、市区町村が設置した「介護認定審査会」で審査して、最終的に介護度や認定期間が決められます。

介護認定審査会とは、医師や保健師、社会福祉士らが、それぞれの専門性を発揮しながら多方面から審議して、要介護度を決める組織です。

◆「要介護認定」のしくみ◆

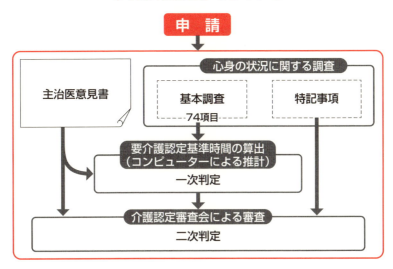

● 患者からも主治医に記入の依頼をしておく

また、主治医に書いてもらう意見書は、入院中は担当医に記入をお願いします。入院していない場合は、かかりつけの医師に記入してもらいます。実際には、申請書に医療機関名と医師名を記入し、申請書を受け付けた役所から医師の元に意見書が送られます。

患者側からは特に手続きはありませんが、受診した際、主治医に「このあいだ介護保険の申請をしたので、役所から書類が届いたら記入をお願いします」と声をかけておくと、スムーズに意見書が作成されることになります。

訪問調査の結果と主治医の意見書の両方がそろわないと、介護認定審査

会にかけられず認定結果が出るのも遅くなるので、こうした根回しが意外と重要になります。

　なお、かかりつけの医師がいない場合は、役所で医療機関を紹介してくれるので、その旨を申請時に申し出るとよいでしょう。

●ケアマネジャーに立会いを依頼する

　介護保険制度では、介護保険サービスの種類や量を決めるケアプランに基づいて介護保険サービスが提供されます。このケアプランを作成するのがケアマネジャーです。

　ケアマネジャーは、地域包括支援センターで紹介してくれる場合もありますが、もし友人や知人が「信頼できる」というケアマネジャーがいるなら、ぜひその人を紹介してもらいましょう。

　訪問調査には、ケアマネジャーに立会いを依頼します。ケアマネジャーが訪問調査に立ち会うメリットは、本人や家族が、今後どんな介護保険サービスを使いたいかを、調査員に具体的に伝えられる点にあります。

　また、ケアマネジャー自身も自治体から委託を受けて調査員として調査を行なう場合があり、調査項目については熟知していますので、調査に立ち会えば、おおよその介護度を予測することができるからです。

　こうすることで、認定結果が出る前に介護保険サービスを利用する必要がある場合には、暫定のケアプランが作成しやすくなります。

●ポイント

- ●介護度は全国一律の基準で判定され、介護認定審査会で決める
- ●主治医に、介護保険を申請した旨を受診時に伝えておこう
- ●訪問調査には、ケアマネジャーに立ち会ってもらおう

第1章 ● 介護保険の申請から認定まで

◆ 訪問調査を受ける前に確認すべき事項のチェックリスト ◆

□家族は、仕事を休んででも必ず立ち会う

□ケアマネジャーが決まっていれば、立会いを依頼する

□これまでにかかった病気やケガを時系列のメモにしておく

□調査項目は、あらかじめ確認しておく

□認知症の症状について、どのくらいの頻度で発生するか、週単位か
　月単位で発生するかを確認しておく

□介護で苦労していることを、具体的にメモしておく

サービス利用
までの流れ

① 申請

② 訪問調査

③ 審査・判定
（要介護認定）

④ 結果の通知

⑤ サービスの選択

⑥ ケアプラン作成

⑦ サービス利用

4 訪問調査では、身体の状態や生活状況、認知症の症状などを聞かれる

岸田：お名前と生年月日をおっしゃってください

漁平：浜野漁平。昭和15年7月31日生まれ

岸田：浜野さん、ここはどこですか？ ご自宅ですか、それとも別の場所ですか？

漁平：ここは、うちじゃなく病院だね

岸田：お風呂は、お一人で入れますか？

漁平：いや、看護師さんに手伝ってもらってるよ

●介護度を決める「訪問調査」

　訪問調査は、介護度を決めるために必要な手続きですから、仮に寝たきり状態であっても必ず行なわれます。

　自宅で受けるのが基本ですが、本人が入院中や介護施設に入所中であれば、そこに調査員が来てくれます。ただし、病院や介護施設では、面会時間に調査を行なうことになるため、事前の打ち合わせが必要です。

　介護度を決めるポイントは、「介護にどれくらい手間や負担がかかるか」です。年齢や病名、家族構成などは関係ありません。

　たとえば、90歳を過ぎた高齢者でも一人暮らしのため、食事の用意など家族と同居していれば家族が行なっていることをやむなくやっている人は、「自分でできる」と判断され、軽く認定される傾向があります。逆に、70歳の人でも寝たきり状態だと重く認定されます。

　認知症で徘徊して時折迷子になるなどの場合、足腰は丈夫でも、家族が目が離せないため、「介護の手間がかかる」という基準に照らして、比較

第1章●介護保険の申請から認定まで

的重く認定される傾向があります。一人暮らしか、家族と同居かなどの世帯状況は基本的に考慮されません。

●概況調査で申請理由などを伝える

訪問調査は、全国共通の質問内容で構成され、共通の基準で行なわれます。調査員はまず、申請者の氏名や生年月日など基本的なことから聞いてくることが多いようです。最近はインターネットで調査項目などが検索できるので、あらかじめ調査項目を調べて、想定問答を考えておくとよいでしょう。

訪問調査では、介護保険の申請に至った経過、具体的には普通に生活をしている状態から、病気やケガなどで介護が必要となったきっかけをまず伝えます。その後の入院歴などは、時系列だと調査員に正確に伝えることができます。これを「概況調査」といいます。

概況調査ではこのほか、「すでに介護サービスを使っている場合の利用状況（たとえば介護ヘルパーを週何回利用しているか）」、「デイサービスに週何回通っているか」、「介護保険で住宅改修を行なったことがあるか」、「6か月以内に、浴室用イスなど特定の福祉用具を介護保険で購入した実績があるか」、などが聞かれます。

初めての訪問調査では、これらはすべて「なし」になりますが、認定前に暫定で介護保険サービスを利用している場合は、必ず回数を伝えてください。また、2回目以降の調査で、すでに区分支給限度基準額（29ページ参照）を超えて利用している場合も、正確な回数を伝える必要があります。限度額を超えて利用していると、一次判定の結果を踏まえ二次判定で考慮される場合があります。

●実際に動作を行なうこともある

概況調査が終わると、具体的な項目の聞きとりに移ります。

調査員は、手足のマヒの有無や関節が固まっていないかなどを、実際に対象者に手足を動かしてもらい、確認します。動作に無理があるときは、本人や家族への聞き取りで判断してよいことになっています。

サービス利用までの流れ

① 申請

② 訪問調査

③ 審査・判定（要介護認定）

④ 結果の通知

⑤ サービスの選択

⑥ ケアプラン作成

⑦ サービス利用

25

たとえば、「マヒがあるかないか」を確認する場合、漁平さんのように左半身マヒがある対象者であれば、右手は上下左右に不自由なく動きますが、マヒのある左手は、自分では思うように上がりません。この状態は、左上肢（左腕）に「マヒあり」となります。

　次に、「関節の動きにくさ」を確認する場合、調査員がマヒのある左上肢を手で支えながら静かに動かします。調査員は、左上肢を持ち上げようとして、うまく上がらない場合、「肩関節に拘縮（関節が曲がらない状態）あり」とチェックがつきます。

　さらに、ベッドからの「起き上がり」や「立ち上がり」を確認する場合は、対象者にベッドのある部屋まで移動してもらい、実際に横になってもらいます。そして、起き上がる様子を確認します。対象者がベッド柵につかまりながら起き上がった場合は、「起き上がり」の項目は「何かにつかまればできる」になり、立ち上がり動作の際もベッド柵につかまって行なえば、「立ち上がり」の項目も、「何かにつかまればできる」にチェックが付きます。

　このようにして、本人が無理なくできる動作は、実際に本人にやってもらい、その結果を調査員はチェックしていきます。寝たきり状態などで動作ができない場合は、家族など介護者から日頃の状況について聞き取った結果が調査票に記入されます。

　また、高齢者特有の心理として、実際に動作の場面になると、かなり張り切って動作を行なってしまう傾向があります。できるだけ頑張ろうとする意欲は大切ですが、あまり無理をすると本来の状態での正確な判定ができません。

　調査に同席する家族は、本人の動作がいつもとちがうと思った場合、たとえば「今日は役所から調査の人が来ると思って、頑張ってしまったみたいです。いつもは、すっと立ち上がれなくて、何度か座りながら立ち上がっているんですよ」などと伝えます。

　そうすると、調査員は、「立ち上がり」の項目の自由記載欄に、「調査時はスムーズに立てたが、普段は何度か座りながら立っていると家族は話していた」と記載します。この記述が、介護認定審査会で審議されることに

なります。

●訪問調査は１時間程度で終わる

　下表に示すように、訪問調査の調査項目は身体機能や寝返り、起き上がりなどの起居動作、トイレの始末や衣服の着脱動作などの生活機能、短期記憶や場所の理解などの認知機能、薬の内服方法や買物、簡単な調理をしているかなど、合計74項目ですが、調査時間は長くても１時間程度で終わります。主な調査項目は次のとおりです。

◆ 調査項目の主な内容 ◆

調査項目	質問内容
身体機能・起居動作	身体にマヒがありますか？
	寝返りや起き上がりは１人でできますか？
	支えなしで５メートル歩けますか？
	支えなしで10秒立っていられますか？
	片足で１秒立っていられますか？
生活機能	入浴や食事に介助が必要ですか？
	トイレで介助が必要ですか？
	歯磨きや着替えに介助が必要ですか？
認知機能	名前や生年月日を言えますか？
	今の季節は何ですか？
	ここはどこですか？
精神・行動障害（主に介護者に問う）	物を盗られたなどと被害的になることはありますか？
	介護に抵抗することはありますか？
	外出して戻れないことはありますか？
社会生活への適応	お金の管理はどうしていますか？
	薬の管理はどうしていますか？
	炊飯器や電子レンジを扱っていますか？
医療行為	最近２週間以内に、点滴の投与や床ずれの処置などの医療行為を受けましたか？

● 日頃の状況を正確に伝える

　訪問調査では、日頃の状態をありのままに調査員に見てもらうことが重要です。先に紹介したように、調査当日は少し無理して動作ができたとしても、あとで家族が日頃の状態を調査員に伝えることで、公正に判断してもらえます。

　また、調査をスムーズに受けるために、①申請に至るまでの経過、②いままでにかかった病気やケガ、③認知症の症状がある場合は、症状の種類と頻度などを、メモにして準備するとよいでしょう。

　たとえば、「嫁に財布を隠された、と言い張ることが週1～2回はある」とか、「散歩に出かけて家に帰れず、近所の人や警察に保護されて送ってもらうことが、月1回程度はある」など、認知症の症状が月単位で発生するのか、週単位で発生するのかによって、チェック項目が異なるので、日頃から気をつけてメモしておくとよいでしょう。

　こうした症状により、家族は本人をなだめて一緒に財布を探したり、家に戻って来ないときは近所を探しに行ったり警察に連絡するなど「介護の手間」がかかっていることが証明されます。

　調査員は、家族から聞き取った内容をそのまま調査票の自由記入欄に記載し、要介護認定の二次判定で審査されます。

次ページに、介護度ごとの認定の目安と区分支給限度基準額・限度額すべて使った場合の自己負担額（1割負担の場合）を一覧表にまとめているので、参考にしてください

第1章●介護保険の申請から認定まで

◆ 介護度の目安と区分支給限度基準額 ◆

要介護状態区分	要介護・要支援認定の目安	区分支給限度基準額	限度額すべて使った場合の自己負担額（1割）
要支援1	食事や排泄など日常生活はほぼ自立しているが、掃除など一部の動作に援助が必要。	5,032単位	5,032円
要支援2	起き上がり、片足での立位、買物などに支障があるが、リハビリ等で状態が改善する可能性がある。	10,531単位	10,531円
要介護1	立ち上がり等に支えが必要だが、買物や掃除など身のまわりの世話に何らかの援助が必要。	16,765単位	16,765円
要介護2	立ち上がりや歩行が一人ではできない場合があり、身のまわりの世話全般に援助が必要。	19,705単位	19,705円
要介護3	入浴や排泄、立ち上がり、歩行等に援助を必要とする場合がある。認知機能の低下もみられることがある。	27,048単位	27,048円
要介護4	入浴や排泄、立ち上がり等ができない。歩行が自分でできない。問題行動や理解の低下がみられることがある。	30,938単位	30,938円
要介護5	日中もベッド上で過ごし、入浴や排泄などに全介助が必要。全般的な理解力の低下がみられることがある。	36,217単位	36,217円

軽 重 軽 ⋯ 重

● ポイント

● 調査項目は事前に調べておこう

● 調査当日の状況だけでなく、日頃の様子を詳しく伝えよう

● 認知症の症状は、頻度を伝えることが重要

サービス利用までの流れ

① 申請

② 訪問調査

③ 審査・判定（要介護認定）

④ 結果の通知

⑤ サービスの選択

⑥ ケアプラン作成

⑦ サービス利用

29

5 要介護認定の結果が出なくても、申請日から暫定的に使うことができる

渚

父の場合、入院中だから認定を受けても介護保険サービスが使えないことはわかりましたけど、自宅で生活していて、急に明日から介護保険サービスを使う必要のある人もいますよね。そういう場合は、どうするんですか？

潮見

そうですよね。介護保険サービスはケアプランに沿って提供されますが、急を要する事情がある場合は、暫定のケアプランを作成して、認定前に介護保険サービスを使うことができます。介護保険制度では、申請した日にさかのぼって認定の有効期間が決められますが、認定が出るまでに約１か月かかるので、申請した日から保険給付の対象となります

●必要最小限のサービスで利用開始

　介護保険を申請してから結果が届くまで、およそ１か月かかります。
　漁平さんは現在入院中で介護保険サービスは使えませんが、渚さんが心配するように、なかには急を要する場合があり、すぐにでも介護保険サービスが必要な逼迫したケースも少なくありません。
　たとえば、高齢世帯で、夫の介護をしてきた奥さんがケガで入院してしまったような場合などです。介護保険制度では、こうした場合を想定して、潮見さんが説明したとおり、役所が申請書を受理した日から保険給付の対象とすることが決められています。
　たとえば、３月１日に申請すると、結果が届くのは３月末頃になりますが、ケアマネジャーに暫定のケアプランを作成してもらい、前倒しで３月１日から介護保険サービスを使うことができます。結果が出てから正式なケアプランを作成し、介護度に応じて計画的に利用することになります。
　ここで気をつけたいのは、正式な認定が出るまでの間は、必要最小限のサービスに留めておく、ということです。介護度によって介護保険で使える点数が異なるためです（「区分支給限度基準額」〈29ページ参照〉）。

第1章 ● 介護保険の申請から認定まで

　ですから、必要以上のサービスを前倒しで利用し、想定より軽い介護度が認定された場合、保険の枠を超えて使うと、超えた分が全額自己負担になってしまいます。具体的な例でみてみましょう。

事例 ◆ **仮のケアプランでサービスを受けて自己負担が発生** ◆

　深瀬一郎さん（仮名、87歳・男性）は奥さんと二人暮らしで、奥さんが買物や調理などの家事一切を行なっていました。一郎さんは足腰も弱く、朝ゴミを出すのがやっとの状態です。

　ある日奥さんが交通事故に遭い、緊急入院を余儀なくされました。子どもは遠方に住んでいて仕事があるため、介護に協力することが難しい状況です。

　家族は、一郎さんが一人で生活するのは難しいと判断し、一郎さんは一時的にショートステイ施設に入所することになりました。ショートステイとは、介護者の都合などにより自宅で生活できなくなった場合、1泊2日から最長で連続30泊31日まで、一時的に入所して介護や身のまわりの世話を受けられる施設です。ケアプランに組み入れられていれば、理由に関係なく利用できます。

　このような場合、ケアマネジャーは一郎さんの介護度を想定してサービスを調整します。まずは、介護保険の申請です。ケアマネジャーは、一郎さんの心身の状況から、「要介護1」を想定して仮のケアプランを作成しました。

　しかし、結果は「要支援2」と認定されました。この場合、次ページのような計算式より、2,469単位が保険のきかない自己負担となり、金額にすると24,690円が実費として余計にかかることになります（地域区分が標準地の場合。地域区分とは、たとえば東京都の23区と地方では人件費が異なるため、地域格差をなくすために設けられたもの）。

サービス利用までの流れ

① 申請

② 訪問調査

③ 審査・判定（要介護認定）

④ 結果の通知

⑤ サービスの選択

⑥ ケアプラン作成

⑦ サービス利用

31

◆ 深瀬一郎さん（要支援２）の負担はどうなる？ ◆

支給限度額

超過分 （全額自己負担）	利用者 負担 １割	介護保険給付 ９割

要支援２で使える単位数
10,531単位－実際に利用した単位数13,000単位＝▲2,469単位
（※上記は１割負担の場合）

　介護度が決まる前に暫定で介護保険サービスを利用する場合は、介護度によって保険が適用になる部分と適用されない部分があるので、介護度別に費用の総額を計算してもらうようにしましょう。あとで、「こんなに費用が高くなるなんて…」と後悔しないよう、納得がいくまでケアマネジャーから説明を受けることが大切です。

ポイント

● 介護保険サービスは、申請日から暫定的に利用できる
● 認定結果が出るまでは、必要最小限のサービス利用にとどめよう
● 自費を含めた介護費用の総額を計算してもらおう

第1章●介護保険の申請から認定まで

6 要介護認定の結果が届いたらすべきこと①
入院中なら退院の準備をする

渚：ようやく父の介護認定が役所から届きましたよ

潮見：要介護1ですね。まだ退院の予定は決まっていませんが、漁平さんの希望や、退院後のことを具体的に相談していきましょう。退院前に、ケアマネジャーとして一度ご自宅を訪問させてもらっていいですか？

渚：かまいませんが、何をするのでしょうか？

潮見：漁平さんが退院して困らないように、たとえば必要な場所に手すりをつけたり、段差をスロープ化するための工事の下見と提案が主な目的になります。私のほかに、病院のスタッフも一緒です

渚：わかりました。では、病院の都合もあるでしょうから、候補日をいくつか上げてくださるとありがたいです

潮見：はい。では、一時帰宅に向けて日程調整しましょう

●退院前の一時帰宅でバリアフリー点検

　入院中は、医療相談員が退院に向けての相談に乗ってくれます。**医療相談員**とは、患者の入退院の際の病院側の窓口になる人で、退院が困難で転院や介護施設に入所する場合なども、相談に乗ってくれます。しかし、あくまで退院までの相談に限られます。

　このため、すでに決まっていれば、退院後のケアマネジャーが中心となって、病院スタッフと連携しながら、退院後の在宅生活を具体的に検討します。

　後遺症で半身マヒなどの障害を負った場合、入院前と同じ生活を送ることは困難です。場合によっては、車いすや歩行器で室内を移動することも覚悟しなければなりません。しかし、バリアフリー化された病院内とはちがい、一般の住宅は至るところに段差などの危険なところがあります。

サービス利用までの流れ
① 申請
② 訪問調査
③ 審査・判定（要介護認定）
④ 結果の通知
⑤ サービスの選択
⑥ ケアプラン作成
⑦ サービス利用

33

そこで、退院する前に、リハビリを担当する理学療法士や作業療法士とともに、「退院前訪問指導」として本人を一時帰宅させることがあります。**退院前訪問指導**は、回復期の病院で入院が1か月を超える患者がスムーズに退院できるよう、患者とともに病院スタッフが患者の自宅を訪問し、患者や家族に対して、退院後の自宅での療養上の指導を行なうものです。もし、病院側からこのような話がなければ、病棟の看護師や医療相談員に相談してみてください。

具体的には、患者が半身マヒなどの障害を抱えた場合、自宅で安全かつ快適に生活するために、どんな場所で不都合が生じるのか、そのためにはどんな工事が必要なのかを、実際に本人に家の中を移動してもらいながら、専門職が検証して必要な提案をします。また、介護用ベッドやポータブルトイレ、入浴用イスの導入などの提案も受けることができます。

一定の保険内費用はかかりますが、退院後の不安を解消するためにも、ぜひ活用しましょう。

●介護保険サービスの利用を検討する

退院の準備で大切なのは、退院してからどんな介護保険サービスをどの程度利用するかを決めることです。詳しくは第2章で説明しますが、日常生活で課題となる事柄をリハビリ担当者やケアマネジャーに検証してもらい、必要なサービスと結びつけることで、課題の解決を図ります。

入院中はいつ退院できるかに気持ちが向いてしまい、退院後の生活を具体的にイメージすることは意外と忘れがちです。しかし、病気やケガで以前と同じ生活が難しくなったとしても、できるだけ以前のような生活に近づけることが重要です。

たとえば、家の中を移動することが難しい場合は、リハビリをして移動能力を高めることが必要になります。リハビリをするためには、介護施設に通うか、通えない場合はリハビリの専門職に自宅に来てもらいます。

また、一人暮らしで買物や調理などの家事を自分でしてきた人が、障害を負ったために一人で買物に行けなくなった場合は、スーパーの宅配やヘルパーなどによる買物代行、配食サービスなどを検討します。

このように、障害を負ったことを理由に従来どおりの生活をあきらめるのではなく、介護保険サービスや自治体の高齢者サービス、民間サービスをうまく活用して、いままでと同じ生活を送るために必要な行為を補うのです。

実際には、担当ケアマネジャーが生活で課題となっていることを検証し、必要な介護保険サービスの提案をしてくれるので、本人や家族が介護サービス事業所と契約したうえで、ケアプラン（介護サービス計画）に基づいてサービスを受けることになります。

退院後すぐに困らないよう、入院中に退院後の介護保険サービスの利用申込みや利用契約、それに自宅のバリアフリー工事を完了させておきましょう。賃貸住宅に住んでいる場合、家主の承諾書があれば工事は可能です。

●ポイント

● 退院前に一時帰宅し、バリアフリー点検を受けておこう
● 入院前の生活に少しでも近づけるために介護保険サービスを利用しよう
● 行政の高齢者向けサービスや民間サービスの利用も検討しよう

7 要介護認定の結果が届いたらすべきこと②
一時帰宅で自宅のバリアフリー点検を

では漁平さん、トイレでの立ち座りや浴槽の出入り動作をしてもらい、そのあと居間へと移動してみてください

わかったよ

廊下に手すりが必要ですね。それと、トイレの中はL字型の手すり、浴室の出入口には縦の手すりがあるといいですね

この家も築30年だからなあ。段差だらけだよ

こうした室内の段差部分には、ミニスロープを設置するとつまずかなくていいですよ

●自宅での動作を専門家が検証

　退院前訪問指導は、入院中の一時帰宅でもあるため、主治医の許可が必要です。外出時間も患者の負担を考え、おおむね1時間程度の滞在になります。実際の場面では、理学療法士や作業療法士が、本人の室内での動作を確認し、危険がともなう場所を指摘し、安全に動くために手すりの設置や段差の解消、また介護用ベッドや浴室用イス、浴槽用手すりなど福祉用具の導入を提案します。

　理学療法士や作業療法士が指摘したこれらの点は、「提案書」としてまとめられ、ケアマネジャーや本人・家族に渡されます。これを元に、ケアマネジャーは、工事内容や金額などを本人・家族に確認し了解を得たうえで役所に申請し、承認後、実際の工事にとりかかることになります。

　こうした自宅のバリアフリー点検は、初めて要介護認定を受ける場合に限らず、すでに介護保険サービスを受けていて、病気や骨折などで入院し退院する場合にも、同じような手順で行なわれます。

　自分では大丈夫と思っていても、リハビリ担当者に専門家の視点で点検してもらうことで、意外な危険個所が見つかることもよくあるからです。

浜野漁平様　バリアフリー化工事提案書

玄関外		・敷石を撤去してコンクリート敷にし、手すりを設置する。 効果：つまずき事故を防ぐことができる。
玄関内	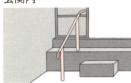	・上がりかまちが高いため、踏み台を設置する。 ・手すりを設置する。 効果：昇降時の動作が楽になり、安全に移動できる。
廊下	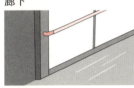	・壁面に横手すりを設置する。 効果：安全に移動することができる。
トイレ	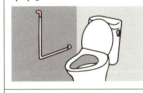	・右壁面にL字型の手すりを設置する。 効果・立ち座り動作が楽になる。
室内段差	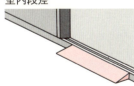	・廊下と居室の間に、ミニスロープを設置する。 効果：段差が解消され、つまずき事故を防ぐことができる。
浴室	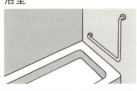	・壁面にL字型手すりを設置する。 効果：浴槽への出入りが安全に行なえる。

●介護が必要になると転倒リスクも高まる

　2016年（平成28年）の厚生労働省「国民生活基礎調査」によると、介護が必要になった原因の第1位は認知症で18.0％を占め、次いで脳梗塞などの脳血管疾患が16.6％、高齢による衰弱13.3％と続き、第4位が骨折・転倒で、全体の12.1％を占めています。

　認知症による徘徊などで移動する機会が増えれば、当然つまずいて転倒する機会も増えます。また脳血管疾患による半身マヒや、高齢による衰弱でも、歩行が不安定になり、つまずく原因となります。このように、いずれの原因でも、要介護状態になると転倒のリスクが高まります。

　このため、転倒による事故やケガを未然に防ぐことを目的に、介護保険では、手すりの設置や段差の解消など、介護保険が適用となる工事が定められています（以下を参照）。

◆ 介護保険が適用される住宅改修 ◆

1．手すりの取付け
2．段差の解消
3．滑りの防止、移動の円滑化などのための床材の変更
4．引き戸等への扉の取替え
5．洋式便器等への便器の取替え
6．その他、これら住宅改修に付帯して必要となる工事

●バリアフリー工事は事前申請が原則

　介護保険で住宅改修工事をする場合は、自宅で生活していて、事前に役所に申請し了解を得て初めて工事に取りかかることができます。

　しかし、漁平さんのように入院している人は、退院してから申請したのでは間に合わず、転倒リスクを抱えながら生活することで、かえって状態を悪化させてしまう可能性があります。

　このため、入院中でもあらかじめ役所の許可を得れば、退院前の準備として工事を行なうことができる場合があります。

役所に申請する際、現在入院中であることや、病院側から、工事を完了してから退院することが望ましいと言われていることを役所の担当者に伝えて、入院中の工事を承認してもらうことが大切です。

実際には、ケアマネジャーが申請時に役所の担当者に伝えますが、このことを知らないと、「入院中は介護保険サービスを使えない」という原則に縛られ、不利益を受けることになります。

工事にあたっては、まず専門業者に現地を確認してもらい、見積書の提出を求めます。漁平さんの場合は、ケアマネジャーの潮見さんが業者を紹介してくれ、見積額も妥当なことから、紹介された業者に依頼することになりました。しかし、できれば2社から同じ条件で見積書を出してもらうとよいでしょう。提出してもらったら見積書の内容を比較します。比較するポイントは、ズバリ金額です。

最近は、介護保険の工事を専門に請け負う工事業者も増えてきましたので、見積金額を比較することは重要です。ケアマネジャーや専門業者に任せきりにせず、インターネットなどで情報を入手して、業者を決めましょう。役所や地域包括支援センターの窓口に、工事業者の一覧表を用意してある場合がありますので、気軽に相談してみてください。

●レンタル業者に工事の見積りを

工事業者を決める際、まずは福祉用具のレンタル事業所に工事費用の見積りを依頼するとよいでしょう。

福祉用具のレンタル事業所は、介護保険事業所として都道府県などから指定を受けています。また、福祉用具をレンタルすると6か月に1回の定期点検が義務づけられているので、その際に工事後のアフターケアをしてもらえるメリットがあります。

ですから、浴室用イスなどの福祉用具を購入したり、ベッドや車いすなどをレンタルする予定があってレンタル事業所が決まっている場合は、その業者にバリアフリー化工事の見積りも依頼し、他社と比較し費用や内容に問題がなければ、その業者に工事も依頼すると一元的に見てもらえるため、何かと便利です。

●保険枠を超えた場合は全額自己負担

　工事費用のうち、保険対象となるのは20万円までと決まっています。

　給付限度は自己負担分を含めて20万円までなので、20万円を超えた金額は全額自己負担となります。たとえば、トイレの洋式化と手すりの設置で、総額30万円かかったとします。この場合、20万円までは保険適用なので、1割負担の場合は2万円、それに20万円を超えた10万円を足した12万円が利用者負担となります。

　手すりの設置や段差解消工事は、施工業者や担当ケアマネジャーと十分に相談して、工事内容を決めましょう。特に、漁平さんのように入院中の場合は、退院後に困らないように工事が完了してから退院できるよう、病院側に退院日の延期を依頼することも重要となります。

● ポイント

- ●入院中に自宅のバリアフリー化工事を検討しておこう
- ●工事見積りは2社以上から取り、金額などを比較して業者を決めよう
- ●工事業者は、レンタル予定の業者を第1候補にしよう

第1章●介護保険の申請から認定まで

8 要介護認定の結果が届いたらすべきこと③
ケアマネジャーに今後の相談をする

漁平
オレのケアマネジャーって誰だ？

渚
潮見さんよ。申請のときからお世話になってるじゃない、もう忘れたの？　退院してからもずっと潮見さんにお世話になるのよ

漁平
そうか、よろしく頼みます

潮見
こちらこそよろしくお願いします。自宅のバリアフリー化工事は、役所の承認が得られたらとりかかりますね。工事が終わったら退院ですが、それまでに退院後の介護保険サービスのことを相談しておきましょう

●ケアマネジャーを選ぶ際のポイント

　入院中でも自宅で生活している場合でも、認定結果が出たらすぐにケアマネジャーに報告します。もし認定結果が出ても、ケアマネジャーが決まっていなければ、役所や地域包括支援センターに相談して、受入れが可能なケアマネジャーを紹介してもらいましょう。

　漁平さんのように、入院中の病院にケアマネジャーの事業所が併設されていれば、まずはそこに受入れを検討してもらいます。同じ病院内であれば、退院のための支援などで何かと便宜を図ってもらえる可能性があるからです。

　また、自宅で生活している場合、友人や知人ですでに介護保険サービスを利用している人がいれば、その人に直接紹介してもらうのもいいかも知れません。

　ケアマネジャーは、担当できる件数が法令で決められているため、それを超えてしまう場合は断られてしまいます。このため、実際には複数のケアマネジャーがいる事業所をあたることが多いようです。

サービス利用までの流れ
① 申請
② 訪問調査
③ 審査・判定（要介護認定）
④ 結果の通知
⑤ サービスの選択
⑥ ケアプラン作成
⑦ サービス利用

◆ **いいケアマネジャーを選ぶためのチェックポイント** ◆

□本人や家族の訴えを真剣に聞いてくれるか
□質問に、ていねいに答えてくれるか
□役所への手続きなどをスムーズに進めてくれるか
□サービス事業所を決める際に、複数の選択肢を提示しているか
　（自分の所属法人のサービスを過度に勧めようとしないか）
□順を追ってわかりやすく説明してくれるか
□依頼したことに、期限を決めて対応してくれているか
□連絡が取りやすいか
□事業所は自宅から近いところにあるか

●ケアマネジャーの事業所との契約

　ケアマネジャーが決まったら、利用契約を結びます。この際に重要事項の説明や個人情報の取扱い方針などの説明も受けます。

　契約書や重要事項説明書は、行政がひな形を作って、それに基づいて各事業所が作成しているため、利用者側が不利になる内容ではなく、それほど神経質になることはありません。よく説明を聞いて、疑問があれば質問をして、納得したうえで署名や押印をします。

　また、介護保険サービスの利用者負担は、総額の1割から3割と決められていますが、ケアマネジャーを利用した際の利用者負担はなく、全額が保険から事業者に支払われます。これは、ケアマネジャーが介護保険制度を運営するうえで重要な立場であることと、すべての介護保険サービスを利用する際の最初の窓口になるため、制度発足当初から利用者負担がかからないことになっています。

　利用契約は、ケアマネジャー個人とではなく、所属している事業所との契約になります。したがって、もし担当のケアマネジャーの対応に不満が生じたり、相性が悪いと感じる場合は、事業所の管理者に連絡して別のケアマネジャーへの変更を申し出ましょう。

　また、トラブルが発生して別の事業所に変更したい場合は、役所の介護

保険窓口や、お住まいの地区を担当する地域包括支援センターに相談して、不満やトラブルの経過を話し、別の事業所を紹介してもらいます。役所の介護保険窓口の連絡先は、契約時の重要事項説明書に記載されています。

●役所への届け出が必要

ケアマネジャーとの契約が済んだら、役所に届け出る必要があります。この届出用紙は、「居宅サービス計画書作成依頼届出書」といい、住所や氏名など必要事項を記入し、介護保険証とともにケアマネジャーに提出を依頼します。この書類を届けて初めて、介護保険を使ったサービスを公費で利用することができるようになるので、忘れずに提出を依頼してください。

なお、ケアマネジャーの事業所を変更する場合は、「変更届出書」として同じ書類を再度提出する必要があります。介護保険証には、届け出を行なったケアマネジャーの事業所名が記載されるので、自分がどこの事業所と契約し役所に届けているのかを確認しておきましょう。

第2章では、介護保険サービスの利用について説明していきますが、利用する際の契約の順序を以下の表にまとめたので、参考にしてください。要支援認定を受けた場合と要介護認定を受けた場合で、最初に契約する相手が異なるので、気をつけてください。

◆ 契約の順序 ◆

要支援認定（要支援1，2）	要介護認定（要介護1～5）
①地域包括支援センター	①ケアマネジャーの事業所
②介護保険サービス事業所	②介護保険サービス事業所

ポイント

- ●認定結果が届いたら、ケアマネジャーと契約を結ぼう
- ●ケアマネジャーは、変更することができる
- ●ケアマネジャーの事業所を役所に届け出る

1分でわかる第1章のまとめ

・介護保険サービスは、要介護認定を受けて役所に届け出をしないと使うことができない。入院中でも申請することができるが、入院中に介護保険サービスは使えない。

・要介護認定の申請ができるのは、原則として65歳以上からだが、脳血管疾患など国が定めた16の疾病に該当すれば、40歳から申請できる。

・介護保険サービスは、施設サービスと居宅サービスに大きく分けられ、最初は自宅で生活しながら受けられる居宅サービスを使うことが多い。利用方法が複雑なため、十分納得してから利用を始める。

・介護度は、訪問調査の結果と主治医の意見書を総合的に審査して決まる。訪問調査は、年齢や世帯状況に関係なく「介護が必要な度合い」を調べる。

・訪問調査を受ける前に、あらかじめ調査項目を調べ、特に認知症の症状がある場合は、症状の内容や出現する頻度などを日頃から観察し、メモしておく。

・要介護認定が下りたらケアマネジャーを決め、具体的な介護保険サービスの利用を検討する。

・入院中の場合は、バリアフリー化工事など、退院してから必要な介護保険サービスをケアマネジャーと相談しながら決める。

第2章

介護保険サービスが使えるようになるまで

入院中であれば、退院前にやっておくことがあります。自宅で生活していても、初めて介護保険サービスを利用する際の手順や流れを知っておく必要があります。第2章では、サービスの選択やケアプランの作成について紹介します。

1 退院後の生活はケアマネジャーに課題分析してもらう

漁平　家の工事も終わったっていうから、早く退院してえなぁ

渚　でも退院して、次の日からどうするのよ？

漁平　病院の隣の施設に通うんだろ？

渚　そうだけど、潮見さんが言うように、しっかり準備してからでないと、退院してお父さんがいちばん困るんだからね

漁平　わかっているよ

●退院後の生活課題を整理

　ケアプランは第1章で説明したとおり、利用者や家族の希望を確認し、介護保険サービスなどを適切に利用できるよう、必要なサービスの種類や頻度、内容を決め、それらを効果的に組み合わせることで、生活上の課題を解決したり、目標を達成するもので、ケアマネジャーが作成します。

　介護保険制度では、サービスを利用する際には、ケアプランに組み入れる必要があります。

　たとえば、退院後に病院の外来でリハビリを受けるには、自力で通院しなければならず、通院ができない場合は介護保険を利用したリハビリに移行することになります。

　最近は、「医療と介護の連携」が在宅生活の重要なキーワードになっているので、病院で行なう医療リハビリが退院と同時に終了しても、切れ目なく介護保険のリハビリにつなげることが大切です。

　漁平さんのように脳梗塞による半身マヒの後遺症を抱え、配偶者が介護する"老々介護"の場合、一般的に次のような課題が発生することが考えられます。

①自宅内での移動動作に問題はないか

②継続してリハビリをする場所があるか

③配偶者の世話や介護が負担にならないか

● 課題を解決するために利用する

　①については、自宅内に手すりを設置したり、段差の解消工事などで対応します。また、歩行補助用具として介護保険で4点杖や室内用歩行器をレンタルして移動することが必要になるかもしれません。これらの用具でも移動ができない場合は、室内用車いすのレンタルを検討します。

　②については、病院のリハビリは送り迎えがなく、自力で通うことは事実上難しいため、介護保険で通所リハビリ施設を利用することになります。介護保険の通所リハビリ施設は、要介護認定を受けていれば、原則的に特に期限なく継続して利用することができます。通える範囲に通所リハビリ施設がない場合は、デイサービスでリハビリを実施している通所施設の利用を検討します。

　③は、本人が通所施設を利用すれば、その時間は介護者が一時的に休息することができ、一石二鳥です。また、夜間のトイレ介助などが負担な場合は、泊まりで介護してくれる「ショートステイ」の利用を検討します。

　ケアプランを作成するうえで、あらかじめ確認しておく必要のある項目は、厚生労働省が定める23項目で、48〜49ページに項目の一覧と主な内容を記載してあるので、ご参照ください。

　実際のケアプラン作成の場面では、ケアマネジャーは、これらの項目を聞き取り、課題や心配事を抽出した結果を専門的に分析し、課題を解決するために介護保険サービスを結び付けるケアプランを作成します。

　もちろん、本人や家族の希望は尊重されるので、たとえば「ヘルパーに買物を頼みたい」といった具体的な要望があれば、この段階でケアマネジャーに依頼します。

　個人情報は守られるので、ケアマネジャーからの聞き取り依頼には、本人のために最適なケアプランを作成してもらうことからも、積極的に情報提供をしてください。

●介護サービス事業所と利用契約を結ぶ

　介護保険サービスは、ケアマネジャーが専門的視点から検証して浮かび上がった課題に対して、本人や家族の要望を聞いたうえで、サービスの利用により課題を解決する、ということが特徴です。また、介護サービス事業所も自由に選べることが大きなメリットです。

　あとの項目で説明しますが、介護保険サービスの利用にあたっては、サービス事業所と利用契約を取り交わすことになり、契約書に重要なことが記載されています。

　第1章でも説明しましたが、介護サービス事業所との契約書は、公的な制度である介護保険の趣旨に従い、利用者側に不利な内容ではなく、消費者としての権利が守られるよう国や自治体がひな形を作成し、それに沿って介護サービス事業所が作成していますので、一定の安心感があります。

◆ ケアプランの作成時に確認する課題分析標準項目 ◆

No.	標準項目名	項目の主な内容（例）
1	基本情報（受付、利用者等基本情報）	居宅サービス計画作成についての利用受付情報（受付日時、受付対応者、受付方法等）、利用者の基本情報（氏名、性別、住所、電話番号等の連絡先）、利用者以外の家族等の基本情報について記載する項目
2	生活状況	利用者の現在の生活状況、生活歴等について記載する項目
3	利用者の被保険者情報	利用者の被保険者情報（介護保険、医療保険、生活保護、身体障害者手帳の有無等）について記載する項目
4	現在利用しているサービスの状況	介護保険給付の内外を問わず、利用者が現在受けているサービスの状況について記載する項目
5	障害老人の日常生活自立度	障害老人の日常生活自立度について記載する項目
6	認知症老人の日常生活自立度	認知症老人の日常生活自立度について記載する項目
7	主訴	利用者及びその家族の主訴や要望について記載する項目
8	認定情報	利用者の認定結果（要介護状態区分、審査会の意見、支給限度額等）について記載する項目
9	課題分析（アセスメント）理由	当該課題分析（アセスメント）の理由（初回、定期、退院退所時等）について記載する項目

第2章 ● 介護保険サービスが使えるようになるまで

10	健康状態	利用者の健康状態（既往歴、主傷病、症状、痛み等）について記載する項目
11	ADL	ADL（寝返り、起きあがり、移乗、歩行、着衣、入浴、排泄等）に関する項目
12	IADL	IADL（調理、掃除、買物、金銭管理、服薬状況等）に関する項目
13	認知	日常の意思決定を行なうための認知能力の程度に関する項目
14	コミュニケーション能力	意思の伝達、視力、聴力等のコミュニケーションに関する項目
15	社会との関わり	社会との関わり（社会的活動への参加意欲、社会との関わりの変化、喪失感や孤独感等）に関する項目
16	排尿・排便	失禁の状況、排尿排泄後の後始末、コントロール方法、頻度などに関する項目
17	褥瘡・皮膚の問題	褥瘡の程度、皮膚の清潔状況等に関する項目
18	口腔衛生	歯・口腔内の状態や口腔衛生に関する項目
19	食事摂取	食事摂取（栄養、食事回数、水分量等）に関する項目
20	問題行動	問題行動（暴言暴行、徘徊、介護の抵抗、収集癖、火の不始末、不潔行為、異食行動等）に関する項目
21	介護力	利用者の介護力（介護者の有無、介護者の介護意思、介護負担、主な介護者に関する情報等）に関する項目
22	居住環境	住宅改修の必要性、危険個所等の現在の居住環境について記載する項目
23	特別な状況	特別な状況（虐待、ターミナルケア等）に関する項目

出典：厚生労働省資料より作成

ポイント

● 何が生活上の課題なのかを、専門家に検証してもらおう

● 介護保険サービスの利用は、課題を解決するためのものと心得よう

● 最適なケアプラン作成のために、積極的に情報提供しよう

2 退院後の在宅サービスは、入院中のケア会議で決める

岬：これから、浜野漁平さんの退院前のケア会議を開催します

漁平：よろしくお願いします

岬：まず、現在の漁平さんのリハビリの進み具合と、退院後自宅での移動の際のアドバイスを、理学療法士の浅海さんからお願いします

浅海：はい、とても熱心にリハビリに取り組まれて成果が上がっていますが、少しせっかちな面があるため、あわてると転倒する危険が高まりますので、慎重に動作を行なってください

漁平：わかっているけど、ついあわててしまうんだよ

浅海：室内の移動には、病院でも使っている4点杖が必要ですね

●退院前ケア会議の開催

　退院前ケア会議は、退院して本人や家族が困らないように、医療面での留意点や、自宅での介護保険サービスの利用計画を決めるものです。病院側としては、これまでのリハビリの内容や今後の留意点などを、退院後の介護サービス事業者に引き継ぐ重要な機会ともなります。ですから、退院後のサービス担当者には、必ず出席してもらうよう、ケアマネジャーにお

◆ **退院前ケア会議の出席者（浜野漁平さんの場合）** ◆

浜野漁平さん（本人）、浜野浪江さん（妻）、津島渚さん（長女）
【病院側】磯崎先生（主治医）、瀬戸内さん（担当看護師）、
　　　　　浅海さん（理学療法士）、岬真帆さん（医療相談員）
【在宅サービス側】潮見沙織さん（ケアマネジャー）
　　　　　　　　　岸野さん（通所リハビリ施設「プラージュ」生活相談員）
　　　　　　　　　海野さん（福祉用具「はまかぜ」福祉用具専門相談員）

願いしておきましょう。

会議では通常、病院側から患者の病状や入院中の看護経過、障害の程度、リハビリの内容などが報告されます。主治医も出席して医療面から退院後の生活上の留意点などが報告される場合があります。

こうした内容は、退院時に書面で患者やその家族、またケアマネジャーや在宅サービスの担当者に提供されます。

家族としては、これらの書類をその場限りにせず、できるだけ退院後の生活の向上に役立てるよう心掛けましょう。わからないところがあったら、遠慮なく医療スタッフやケアマネジャーに相談しましょう。

●介護サービス事業所は当事者が選んで決める

介護保険サービスは、本人や家族が自らサービス事業所を選べる、という特徴があります。介護保険制度が発足する前の措置制度では、役所の判断で事業所を決めていました。この時代に比べると、当事者が自分で気に入った事業所を自由に選べる感覚が、介護の世界にも浸透したといえます。

私たちが消費者として物やサービスを購入する際に大きな決め手となるのが、価格です。質のいい物やサービスを、少しでも安く購入したいのが消費者の心理です。

しかし、介護保険サービスの価格は国が決めるので、各種の加算を除けば価格は同じで、比較することができません（加算とは、「入浴加算」や「機能訓練加算」など、本人・家族の希望で付けられるオプションのこと）。そのため、友人・知人の口コミを参考にしたり、デイサービスなどの施設ならば、本人・家族が実際に見学するなどして決めるしかないのが現状です。

漁平さんは、退院前ケア会議で、「退院してもリハビリをして、もっと楽に歩けるようになりたい」という強い気持ちを主張し、これを受けて入院中の病院が併設している「通所リハビリテーション」の利用を選択しました。自宅内の移動には、4点杖を利用する予定です。

介護保険で使える福祉用具のレンタル品は限られていて、次ページに一

覧表を掲載しました。また、車いすや特殊寝台などは、要支援者と要介護1までの人は原則的に利用できないので、注意が必要です。ただし、医師の判断等で必要性が確認できた場合、例外的に軽度者でも利用できる場合があるので、ケアマネジャーに相談してください。

このように、本人の意向を尊重して希望に叶う介護サービス事業所を選択します。本人の意向が十分に確認できない場合は、家族の意向を確認します。

介護保険で利用できる福祉用具は以下の種目に限られています。

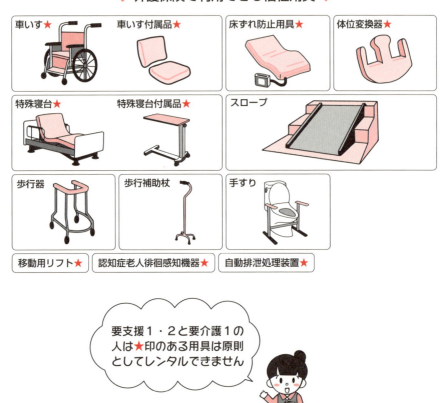

第2章 ● 介護保険サービスが使えるようになるまで

◆ 漁平さんの退院後の介護保険サービスの利用予定 ◆

サービスの種類	事業所名	頻度	種目
通所リハビリ	プラージュ	週3回	
福祉用具貸与	はまかぜ	月単位	4点杖
福祉用具貸与	〃	〃	手すり

※ベッドは、一般のものを使用し、ベッド脇に手すりを置き、寝返りや起き上がり用に使うことにした。

◆ 退院前のチェックリスト ◆

□自宅のバリアフリー化工事は完了しているか

□退院後の介護サービス計画は作成しているか

□少なくとも2週間分の内服薬はもらっているか

□主治医から退院後の生活の留意点について説明を受けているか

□退院日に退院証明書など必要な書類をもらうことにしているか

□退院後初めての外来受診日を確認しているか

□ベッドや歩行器などの福祉用具の納品は済んでいるか

ポイント

● 退院前ケア会議には、家族も必ず出席し、退院後のサービスを確認しよう

● 介護保険サービスで利用できる福祉用具は、あらかじめ決められている

● 介護度によって、利用が制限されている福祉用具がある

サービス利用までの流れ

① 申請

② 訪問調査

③ 審査・判定（要介護認定）

④ 結果の通知

⑤ サービスの選択

⑥ ケアプラン作成

⑦ サービス利用

53

3 デイサービスとデイケアは、日帰りで使えるサービス

潮見: ここが、退院後に通う予定の通所リハビリ施設『プラージュ』です。いかがですか？

漁平: そうだな、会話も多くてにぎやかだし、通っている人も楽しそうで、いい感じだな

渚: そうだね、明るい雰囲気でいいじゃない。退院後のリハビリは、お父さん、ここでいいよね？

漁平: ああいいよ。ここに週3回通えるんだな？

潮見: ええ、ちょうど月曜と水曜、それに土曜に空きがあるそうなので、すでに押さえてもらっています

●デイサービスとデイケアのちがい

　漁平さんは、退院後に通う予定の通所リハビリ施設を見学して納得できたので、正式に契約をして退院後の利用が決まりました。

　ここでは、介護保険サービスのうち、福祉用具貸与に次いで利用が多い日帰り施設について紹介しましょう。

　日帰り施設には、大きく分けてデイサービス（通所介護）と、デイケア（通所リハビリ）があります。日帰り施設で受けられるのは、自宅から施設までの送迎、昼食や間食の提供、入浴や排泄などの介護、各種レクリエーションなどです。

　デイサービスとデイケアのちがいを説明しておきましょう。デイサービスは、介護やレクリエーションを中心にサービスを提供します。一方、デイケアは、病院や介護老人保健施設など医療機関が運営しリハビリを重視しています。デイケアは、介護保険サービスでは医療系サービスになるので、利用を開始する前に医師の診断書（診療情報提供書）が必要になります。かかりつけの医師に書類を渡し、記入を依頼してください。

◆ デイサービスでの過ごし方 ◆

　最近はデイサービスでもリハビリを重視している施設が増えてきたので、大きな差はみられなくなりました。しかし、費用面ではデイケアのほうがやや高めに設定されています。

●認知症対応型デイサービスもある
　一般的なデイサービスのほかに、認知症対応型デイサービスがあります。認知症対応型デイサービスは、認知症の人に対応した介護や機能訓練を受けることのできる施設で、認知症と診断された人しか利用することができません。認知症の人に特化したデイサービスといえます。定員12名以下と少人数制なので、家庭的な雰囲気のなかで手厚いサービス受けることができます。
　認知症対応型デイサービスは、介護が必要になっても、住み慣れた地域で生活支援することを目的とした「地域密着型サービス」です。「地域密着型サービス」は、原則として介護保険施設のある市区町村の住民しか利用できないので、利用する際は注意が必要です。

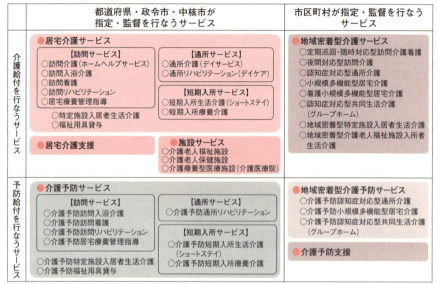

◆ 介護保険サービスの種類 ◆

このほか、居宅介護（介護予防）福祉用具購入費の支給、居宅介護（介護予防）住宅改修費の支給、市町村が行なう介護予防・日常生活支援総合事業がある。

●デイサービスの形態は多種多様

　一口にデイサービスといっても、規模や外観のちがいがあります。1日の定員が40人を超える大規模なものから、民家を改修し自宅の雰囲気を大切にしている10人程度の小規模のものまであります。

　また、カジノなどアミューズメント性を売りにしているデイサービスや、施設内だけで使える疑似通貨を流通させて、娯楽性に加えて高齢者の意欲を積極的に引き出す取り組みをしているところもあります。

　最近の傾向としては、機能訓練に特化した半日型のデイサービスが増えています。午前または午後の3〜4時間程度、休憩をはさみながら、その人に合った訓練プログラムにしたがい、運動するというものです。

　昼食や入浴といったサービスはなく、運動やリハビリのみなので、時間をもてあますということはありません。目的がはっきりしているため、利用者の意欲も高まります。

　よくある話として、隣の家のおばあちゃんに、「あなたも一緒に行かな

第2章 ● 介護保険サービスが使えるようになるまで

◆ 地域密着型サービスの種類 ◆

	種別	主な特徴	主な対象者
自宅に来てもらう	夜間対応型訪問介護	通報と巡回訪問で夜間利用者宅を訪問し、オムツ交換等を行なう	一人暮らしや老々介護で夜間の介護が必要な人
	定期巡回・随時対応型訪問介護看護	日中・夜間を通し24時間365日、看護と連携し通報と巡回訪問で対応	一人暮らしや、退院直後で日中・夜間に頻回の援助が必要な人
自宅から通う（日帰り）	認知症対応型通所介護	認知症専門のケアが受けられる	認知症と診断され、比較的重度の人
通いを中心に、訪問介護や泊りも受けられる	小規模多機能型居宅介護	デイサービス、訪問介護、ショートステイを一つの施設で一体的に受けられる	比較的軽度の認知症者や、一人暮らしの人
施設で介護を受ける	認知症対応型共同生活介護（認知症グループホーム）	1ユニット5〜9人の少人数で、家庭的な雰囲気で共同生活ができる	認知症の診断を受け、他の入居者との共同生活に支障がない人
	地域密着型特定施設入居者生活介護	定員29人以下の少人数制の有料老人ホーム	入所したあとも、住み慣れた地域での生活を継続したい人
	地域密着型介護老人福祉施設	定員29人以下の少人数制の特別養護老人ホーム	要介護3以上の認定を受け、比較的安い費用で入所したい人

い？」と誘われたので、「私も行けるようにお願いしたい」といった相談がケアマネジャーに寄せられることがあります。このような場合、介護保険の申請をして認定を受け、ケアプランに基づいて初めて利用することができることを、ケアマネジャーは本人や家族に説明します。

● 通所施設は全国に4万6,000か所

　介護保険サービスで、福祉用具のレンタルに次いで多く利用されているのはデイサービスで、利用者の3人に1人が利用しています。

　2018年（平成30年）4月現在、地域密着型サービスを含めると全国で約4万6,000か所あります。コンビニエンスストア（コンビニ）の数が約5万5,000店舗ですから、コンビニと肩を並べるほど全国各地に点在しています。

57

ちなみに、コンビニは都市部に集中的に出店していますが、デイサービスは、ほぼ人口密度に比例して存在しています。平日の朝夕は、○○デイサービスセンターと書かれたワゴン車が、全国くまなく介護保険利用者を送迎しています。

●いいデイサービス施設の見分け方

　では、数あるデイサービス施設のなかから、よい施設を選ぶポイントは何でしょうか？

　利用者に合った事業所の見分け方として、まず利用する目的を達成できるか、という視点が大切です。本人はデイサービスで何をしたいか、という利用目的をある程度明確にすることです。

　リハビリを目的とするのであれば、デイケアのほかに機能訓練型のデイサービスの利用もいいでしょう。また、自宅で入浴することが難しい場合は、入浴が目的ということになります。一人暮らしで誰とも話す相手がいないと孤独を感じている人は、会話や交流を通した仲間づくりが目的になるでしょう。このように、まずは何のために利用するのかという目的を明確にすることが重要です。

●まずは一度見学を

　利用にあたっては、地域の介護事情に詳しいケアマネジャーと相談して候補をいくつかに絞り込んだら、まずは見学して、実際の建物や雰囲気、本人の目的が達成できるか、などを確認しましょう。

　また、友人知人で実際にデイサービスを利用している人がいたら、どこのデイサービスに通って、どんなことをしているのか、雰囲気はどうか、介護スタッフの対応はどうかといった口コミ情報を入手しましょう。

◆ いいデイサービスを見つけるためのチェックリスト ◆

- ☐ 利用する目的は、はっきりしているか
- ☐ 自宅からの距離は遠くないか
- ☐ 利用料金の説明を受けて納得しているか
- ☐ 事前に見学して、施設の環境や雰囲気を気に入っているか
- ☐ スタッフの対応や仕事ぶりに好感が持てるか
- ☐ 話の合う仲間ができそうか

◆ 一般的な通所施設への持ち物のチェックリスト（施設によって異なる） ◆

- ☐ 上履き…かかとがしっかりした履きやすいもの
- ☐ 着替え…入浴後や、汗をかいた際の着替え用
- ☐ 薬…昼食前・後の内服薬、点眼薬、塗り薬など
- ☐ 歯ブラシセット…昼食後の口腔ケア用
- ☐ 連絡帳…介護施設側が用意している

※その他

- ☐ 歩行補助用具（歩行杖、歩行器など）…使っている人のみ
- ☐ 紙オムツ、尿取りパッド…使っている人のみ
- ☐ 飲み物…運動後の水分補給用（施設側で用意がない場合）

忘れ物がないようにしないとね

ポイント

- デイサービスは、目的に合った施設を選ぼう
- 利用前に、いくつかの施設を見学したうえで決めよう
- すでに利用している人の声や、地域の口コミ情報も参考にしよう

4 ケアプランは、介護サービスを利用するための設計図

ケアプランって何だ？

介護保険のサービスを利用して、これからリハビリや退院後の生活を少しでも快適なものにするために必要な内容を整理した設計図だと思ってください

そうか、オレの生活の設計図か。じゃ、オレの意見を先に聞いてもらわないとな

そうですね。退院後の生活のことを一緒に考えて、よいケアプランにしていきましょう

●少しでも状態がよくなることが目的

　ケアマネジャーは、48～49ページで紹介した「課題分析」の項目について本人・家族から聞き取り、生活上の課題を明らかにします。この課題を解決し目標を達成するまでの手順を示したものがケアプランです。

　具体的には、本人がこの先どんな生活を送りたいのか、家族の意向はどうか、また目標を達成するために、どんなサービスがどのくらい必要なのかなど、介護保険サービスの種類や内容、頻度などを記載した書類がケアプランになります。

　介護保険サービスは、このケアプランに記載されて初めて保険適用となります。「このサービスは必ず使いたい」という要望は、しっかりケアマネジャーに伝え、ケアプランに組み入れてもらいましょう。

　漁平さんのケースでは、退院前のケア会議やケアマネジャーの分析で、以下の点が課題として浮かび上がりました。
①自宅での移動動作に問題はないか
②継続してリハビリをする場所があるか
③配偶者の世話や介護が負担にならないか
　これらの点について、詳しくみていきましょう。

第2章 ● 介護保険サービスが使えるようになるまで

◆ ケアプランのしくみと具体例 ◆

課題 (困っていること は何か)	目標 (どうしたいか)	援助内容 (そのために何が 必要か)	介護保険等の事業所 (誰が役割を担うか)
しっかり歩けない	転ばないで歩けるようになる	指導を受けてリハビリに励む	通所リハビリ施設に通う
買物の帰りに重い物が持てない	楽に買物ができる	重い物を自宅に持って帰る	①スーパーの宅配サービスを利用する ②訪問介護のヘルパーに代行してもらう
家族の夜間介護が負担になっている	家族が介護から解放される	泊りで世話をしてくれ、家族が安眠できる	ショートステイ施設を利用する
薬の飲み忘れが多く健康を害している	医師の指示通りに服薬でき、健康を維持する	飲み忘れなく服薬する	①訪問看護師が定期的に確認する ②薬カレンダーを使う

①自宅での移動動作に問題はないか

　脳梗塞の後遺症により左半身マヒがあり、病院内は4点杖を使い移動していますが、自宅でも以前のように移動できるかが最大の課題です。

　そこで、役所に相談して入院中に手すりの設置やバリアフリー工事を完了させるという手順を踏みました。退院後は、実際に自宅内で生活しながら、不具合がないかどうかを継続して検証していくことになります。

　この「継続して検証していく」ということが、介護保険サービスの特徴です。医療サービスは、患者や家族の意向で医療機関を受診し、治療内容によりますが、続けて受診するか中止するかを決めたり、あるいは別の医療機関を受診するかを患者自ら決めることができます。

　一方、介護保険サービスは、利用することで状態を改善するという目的がありますから、初めに作成したケアプランの効果を継続的に検証していきます。1回デイサービスを利用したからといって、すぐに効果があるわけではなく、一定の期間連続して利用したうえで、その効果を検証していくということになります。

サービス利用までの流れ

① 申請

② 訪問調査

③ 審査・判定（要介護認定）

④ 結果の通知

⑤ サービスの選択

⑥ ケアプラン作成

⑦ サービス利用

61

②継続してリハビリをする場所があるか

　リハビリを希望する場合、利用者本人または家族が探して事業所と利用契約をする必要があります。

　実際には、本人や家族の希望を聞いて、ケアマネジャーが紹介する場合が多いですが、最終的に事業所を決めるのは本人や家族となります。

　また、一口にリハビリと言っても、送迎を利用して介護施設に通って受ける場合と、自宅に理学療法士などに来てもらい、自宅で受ける場合があります。漁平さんの場合は、通所リハビリ施設の利用を選択しましたが、それぞれ特徴があるので、本人や家族の事情を勘案しながら、適切なリハビリサービスを決めていくことになります。

③配偶者の世話や介護が負担にならないか

　47ページでも紹介したとおり、本人が通所リハビリ施設を利用している間は、奥さんの浪江さんは介護から解放され、休養できます。また、夜間の介護が必要になった場合に、ショートステイが利用できます。

　ショートステイとは、泊りで介護施設を利用するもので、宿泊中の食事や入浴、身のまわりの世話などを介護スタッフが行なってくれます。1泊2日から利用が可能です。

　退院後すぐに利用することはなくても、知っておくのと知らないのとでは、いざというときに差が出るので、家族としては、「もしもこんなときは…」という場合に備えて、利用できるショートステイ施設を把握しておきましょう。すぐに利用しなくても、あらかじめ利用契約だけしておくという方法もお勧めします。

ポイント

● 介護保険サービスは、本人の状態を少しでもよくするのが目的と心得よう
● ケアプランは、目標達成のための設計図ととらえよう
● 現在の課題解決と同時に、将来の「困ったとき」に備えよう

5 ケアプランでは状態の改善を目標にする

潮見
漁平さんは、退院したら自宅でどんな生活を送りたいですか？

漁平
そうだなあ、リハビリを続けて、前のように旅行したり、浜辺でバーベキューしたり…。こんな体になってしまったけど、いままで病院で頑張ってきたから、退院しても通いのリハビリで、少しでも楽に歩けるようになりたいね

潮見
そうですか。漁平さんの前向きな気持ちや具体的な目標がわかりましたので、それをケアプランに書きますね

●能力の維持向上に努める

　介護保険制度では、要介護状態になっても、自発的にリハビリを行ない能力の維持向上に努めることが、国民の義務として定義されています。

　たとえば、積極的にリハビリに取り組んだ結果、歩行状態が改善し、以前のように旅行に行けるかもしれません。障害を負ったからといって、いままで普通にしていたことを、あきらめてはいけないということです。

●認知症の人の目標設定

　介護保険サービスを受ける人は、自ら目標を設定できる人ばかりとは限りません。たとえば、重度の認知症のため、自分の口から目標を述べられない人がいます。このような場合は、家族が本人の意向を代弁し、「楽しみを増やす生活を送れる」「閉じこもりにならずに社会参加できる」などといった目標を設定することになるでしょう。

　軽度の認知症の人の場合は、できるだけ本人の口から具体的な希望や要望を聞き取るよう家族が支援します。本人がどんな生活を望んでいるのかを確認したうえで、具体的な目標を設定します。70ページの表に認知症の人のニーズ・課題に対する目標例をまとめたので、ケアマネジャーから聞かれた際の参考にしてください。

◆ 漁平さんのケアプラン（第1表）◆

第1表

居宅サービス

利用者名　浜野　漁平　　　　　様　　　　生年月日　昭和　15　年

居宅サービス計画作成者　氏名　　　潮見　沙織

居宅介護支援事業者・事業所名及び所在地　　　網浜総合病院　居宅介

居宅サービス計画作成（変更）日　　令和　元　年　11　月　11　日

認定日　令和　元　年　10　月　25　日　　　認定の有効期間　令

要介護状態区分	□要支援1 ・ □要支援2 ・ ■要介護
利用者及び家族の生活に対する意向	本人：リハビリを続けて、以前のように妻 妻：私も歳なので、無理しない程度に、お 長女（別居）：退院後も、できるだけ実家に
介護認定審査会の意見及びサービスの種類の指定	なし
総合的な援助の方針	退院後は、ご自宅での生活を望まれています ・リハビリを継続し、歩行状態の改善を図 ・再び旅行が実現できるよう、楽しみのあ ・奥様の介護が負担にならないよう配慮し、 ★緊急連絡先　網浜総合病院　脳神経外科 　　　　　　　津島渚様（長女）　携
生活援助中心型の算定理由	1．一人暮らし　　2．家族等が障害、疾
居宅サービス計画について説明を受け、内容に同意し、交付を受けまし	

計画書（1）

作成年月日	令和元年11月11日

■初回 ・ □紹介 ・ □継続   ■認定済 ・ □申請中

7 月 31 日　　住所　千葉県網浜市朝日ヶ丘1丁目2-3

護支援事業所　　網浜市磯辺2丁目3-4

初回居宅サービス計画作成日　　　　年　　　　月　　　　日

和元　年 10 月 1 日　　～　　令和 2 年 9 月 30 日

1 ・ □要介護2 ・ □要介護3 ・ □要介護4 ・ □要介護5

と旅行したり、仲間と浜辺でバーベキューをして生活したい。
父さんの世話をしながら、また旅行に行けたら幸せ。
帰るようにして、両親の世話をしていきたい。

ので、次の点を中心に、ケアチームで在宅生活を支援させていただきます。
ります。
る生活を支援していきます。
ショートステイの利用なども提案していきます。
　磯崎先生　電話 ○○○－○○○○
帯 ○○○－○○○○－○○○○

病等　　3．その他（　　　　　　　　　　　　　　　　　　　　　）

た。　　年　　　月　　　日　氏名：　　　　　　　　　印

◆ 漁平さんのケアプラン（第2表）◆

第2表 居宅サービス

利用者名 _____浜野　漁平_____ 様

> 具体的で達成可能な内容かどうかを確認する

生活全般の解決すべき課題（ニーズ）	援助目標			
	長期目標	（期間）	短期目標	（期間）
脳梗塞後遺症により、歩行状態が不安定で転倒のリスクが高い （10. 健康状態） （11. ADL）	リハビリを継続し、安定して歩けるようになり、旅行を実現する。	令和元年12月から令和2年6月まで	専門職の指導を受け、近所のコンビニまで行ける。	令和元年12月から令和2年3月まで
		〃	補助具を使い、バランスよく移動し転倒しない。	〃
妻と二人暮らしのため、妻の介護負担が大きい （21. 介護力）	夫婦での生活が継続でき、お互いに息抜きができる。	〃	妻が休息できスイミングスクールを続けられる。	〃

> 48〜49ページ表のどの項目に該当するかを確認する

> 妻がいままで続けてきたことを、今後も続けられることで、介護保険サービスを利用する効果があるといえる

※1 「保険給付対象かどうかの区分」について、保険給付対象内サービスについては○印を付す。
※2 「当該サービス提供を行う事業所」について記入する。

第2章 ● 介護保険サービスが使えるようになるまで

計画書（2）

| 作成年月日 | 令和元年11月11日 |

居宅サービス計画作成者　　氏名　　潮見　沙織

援助内容					
サービス内容	※1	サービス種別	※2	頻度	期間
個別機能訓練（下肢の筋力強化、バランス保持運動など）	○	通所リハビリテーション	プラージュ	週3回	令和元年12月から令和2年3月まで
手すり、4点杖の利用	○	福祉用具貸与	はまかぜ	毎日	〃
日中の世話（入浴、食事、排泄介助など）	○	通所リハビリテーション	プラージュ	週3回	〃

サービス利用までの流れ
① 申請
② 訪問調査
③ 審査・判定（要介護認定）
④ 結果の通知
⑤ サービスの選択
⑥ ケアプラン作成
⑦ サービス利用

◆ 漁平さんのケアプラン（第3表）◆

第3表   週間サービ

利用者名＿＿＿浜野　漁平＿＿＿様

		月	火	水	木
早朝	6:00				
	8:00				
午前	10:00				
	12:00	通所リハビリ			通所リハビリ
午後	14:00				
	16:00				
夜間	18:00				
	20:00				
	22:00				
深夜	0:00				
	2:00				
	4:00				
	6:00				
週単位以外のサービス		福祉用具貸与（手すり、4点杖）、定期受診（月1回）			

ス計画書

作成年月日	令和元年11月11日

金	土	日	主な日常生活上の活動
			起床、朝食
			※通所リハビリ迎え
	通所リハビリ		昼食
			※通所リハビリ帰り
			夕食
			就寝

◆ 認知症の人のニーズ・課題と目標例 ◆

ニーズ・課題	目標例
●情緒の安定 ●居場所づくり ●孤独感の解消 ●迷子の防止 ●安全な環境づくり ●精神状態の安定 ●なじみの関係づくり ●認知症の進行防止 ●他者との交流機会の確保 ●他者とのトラブルの回避 ●認知症の治癒 ●電話の使用能力の回復・維持 ●金銭管理能力の維持・回復 ●清潔の保持	○他者とふれあう機会が持てる ○1人の時間が持てる ○なじみの関係ができる ○居場所がいつも確認できる ○心地よいコミュニケーションを取ることができる ○脳が活性化できる ○活動に参加する機会が増える ○服薬がきちんとできる ○（失禁前にトイレに）行くことができる ○お金の管理ができる ○安全な環境で自由に活動できる

●離れて暮らす両親の生活は？

　最近は「認認介護」といって、高齢夫婦の一方が認知症の配偶者を介護し、介護者のほうも認知機能が低下してきて、十分な介護ができずにお互いの症状を悪化させるケースが増えています。両親と離れて暮らしている場合、「まだうちは大丈夫」と安心せず、できるだけ頻繁に実家に帰るようにして、親の生活ぶりや物忘れなどを確認しておきましょう。

　介護保険サービスにおける目標設定は、認知症の症状があってもなくても、サービスを利用することで本人の生活が少しでも上向きになり、同時に家族の身体的・精神的負担が軽減されることです。

　ケアマネジャーがケアプランを作成する際に、この目標設定が大きなポイントになりますので、生活状況をよく把握してもらったうえで、本人も交えて十分な話し合いを行なうことが大切です。

ポイント

● 親が要介護状態になっても、能力の維持・向上に目を向けよう

● 目標は、無理のない範囲で具体的に設定しよう

● 親の生活ぶりに日頃から関心を持ち、物忘れなどないか観察しよう

6 ケアプランは、一度決めても必要に応じて変更できる

渚: 父の場合、リハビリに週３回通うと決めて通い始めてから、『オレはもうこんなところは行かない』と言い出さないとも限りません。一度決めたケアプランを変更することはできますか？

潮見: できますよ。せっかく契約して利用を開始したのですから通っていただきたいのですが、どうしてもいやだというのを家族の希望で無理に続けても、本人にとっては逆効果ですから、そのような場合は、自宅に来てもらうリハビリに切り替えるなど、別の方法を検討します

渚: それを聞いて安心しました。とにかく始めてみないとわからないので、家族としては本人が気に入ってくれるのを願うばかりです

潮見: 入院中に、退院後に通う通所リハビリ施設を見学してもらって、漁平さんに施設の雰囲気を感じ取ってもらうとよいと思います。私が案内しますので、ご家族も一緒に見学なさってください

渚: わかりました。そうします

●サービスの組み合わせと利用量がポイント

　これまで述べてきたとおり、介護保険サービスの目的は、サービスの利用によって、少しでも本人や家族の生活をよくすることにあります。ヘルパー派遣やデイサービスなど、利用するサービスの組み合わせによって、どんな効果があるかを検証していきます。

　たとえば、初めてデイサービスを利用する場合、どんなところなのか、自分を受け入れてくれるのか、寂しい思いをしないかなど、本人は不安や心配を抱え、小学校に入学して初めての登校日の気持ちと重ねる人もいます。

　よくある例としては、週１回から利用を始めて、慣れてきたら週２回に増やすというパターンです。デイサービスを初めて利用する際は、事業所との利用契約が必要ですが、利用回数まで契約書で定めているわけではな

いので、あとから利用回数を増やしたり、逆に減らすことができます。

　まずは週1回から利用して、慣れてきたら回数を増やす。医師が薬を処方する場合も、初めは少ない量で試し、副作用もなく効果がみられるようなら量を増やしてさらに効果をあげるのと似ています。

　本人がデイサービスに慣れてきて利用回数を増やしたいということは、居心地がいいという証拠ですから、一定の効果がみられたといえます。また、家族も本人が日帰り施設を利用している間は、家事や仕事に専念でき、または休息が取れる、という効果があります。

●徐々に回数を減らす場合も

　逆に、訪問介護などでは最初に多めの回数を利用して、家族への介護指導などで一定の効果があった場合に、徐々に回数を減らすこともあります。

　初めて介護を体験する家族は、介護の手順やコツを知りません。このような場合、介護ヘルパーが家族にオムツ交換の手順や腰を痛めない介護方法などを伝授し、家族が一人でできるようになると、利用回数を減らしていく、というものです。ただし、この場合は家族の年齢や健康状態などを十分に考慮して、介護が続けられるかを見極める必要があります。

　利用回数の変更や、新たに別の介護保険サービスを追加することは珍しくありません。本人や家族の意向はしっかりケアマネジャーに伝え、総合的に判断してもらったうえで、必要に応じて変更するようにしましょう。

ポイント

- ●ケアプランは、柔軟に変更することができる
- ●デイサービスは週1回から始め、徐々に回数を増やす方法もある
- ●訪問介護では、最初に多く利用して、徐々に減らす場合もある

7 ケアマネジャーや介護スタッフとは何でも相談できる関係に

渚: 病院だとすぐ退院の話が出ますが、父が介護保険サービスを利用する場合、いつまでといった期限が決まっているのですか？

潮見: いいえ、入院とはちがい、介護保険サービスでは期限は決まっていないので、希望があれば続けて通うことができます

漁平: それはいいな。病院だと入院したと思ったらすぐ退院の話だからな

渚: そうだね。あと、潮見さんに連絡を取りたいときは、いつ連絡したらいいですか？

潮見: いつでも連絡してください。私が休みの場合は、事務所の者がそう伝えますし、もし緊急の場合は事務所から連絡を受けることになっていますので

渚: そうですか、それを聞いて安心しました。潮見さんとは女性同士ということもあり、相談しやすいので助かっています

潮見: どんなことでも、遠慮なく相談してくださいね

●何でも相談できる関係づくりを

　第1章で、「いいケアマネジャーを選ぶ際のポイント」について紹介しましたが、ケアマネジャーを選んだあとは、何でも気軽に相談できる関係を築くことです。これは、どんな人間関係にも共通して言えることですが、充実した介護生活を送るという目的を達成するためには、まずは介護従事者とよい人間関係を構築することが先決です。

　ケアマネジャーの立場からすると、どんなことでも相談してくれる利用者や家族に対しては、できるだけわかりやすく説明したり、資料を提示したりして、理解や納得をしてもらおうと努力します。

　その結果、「よくわかりました。助かりました」といった反応があれば、こちらもやりがいを感じ、仕事へのモチベーションにつながります。

また、「よくわからないので、もう少しわかるように説明して」と言われれば、説明の方法を変えたり、別の資料を持参するなど工夫をします。

たとえば、介護保険の対象となる浴室用イスや浴槽用手すりなどは、カラー写真のパンフレットを提示したり、場合によっては福祉用具貸与事業所から借りた現物を持参し、実際に浴室に置いて使ってもらうこともあります。

●ケアマネジャーは介護保険サービスのガイド役

介護保険制度におけるケアマネジャーの役割は、第一に、利用者や家族に対して、介護保険サービスの利用方法をわかりやすく説明し、理解してもらうことです。したがって、わからないことがあれば、わかるまで相談してください。

次に、利用者の自立した日常生活を実現するために、計画的に介護保険サービスが提供されているかを確認することです。場当たり的ではなく、あくまでも計画的に利用することで、サービスの効果を高めるのです。また、実際に効果が表れているかを、検証・評価することです。「費用対効果」という言葉がありますが、実際に介護費用を支払って受けたサービスの効果が表れているのかを本人や家族と一緒に検証します。

このためには、実際にサービスを利用した際の感想や満足度、今後の利用の意向など、情報量が多いほど評価をしやすいのです。

したがって、本人や家族は、日頃の生活ぶりや、介護保険サービスを利用してどんな気づきや変化があらわれたかを、できるだけ詳しくケアマネジャーに伝えます。たとえば、「デイサービスで話し相手ができて、楽しく通っている」「近所のスーパーが閉店して日常の買い物が不便になった」といったことを話してください。スーパーの閉店で買い物に困るようであれば、宅配サービスを利用したり、買物代行の利用を検討するなど、解決策をケアマネジャーと一緒に考えます。

ケアマネジャーが訪問した際に、どんなことでもかまわないので、気軽に相談してください。また、月1回の定期訪問が終わったあとでも、気になることがあった場合は、遠慮なく相談してください。ケアマネジャー

第2章●介護保険サービスが使えるようになるまで

を、介護生活を送るうえでのよきパートナーと考え、いい関係を築くようにしましょう。

●介護スタッフとの信頼関係を

　ケアマネジャーをはじめ介護保険サービスのスタッフは、利用者本人や家族のみなさんと信頼関係を築き、いいサービスを提供しようと努めています。家族の身体的、精神的負担を軽減し、楽になってほしいと思っているのです。

　実際の介護場面では、「いつもお世話になります」「来てもらって、助かっています」といったねぎらいや感謝の言葉が、介護スタッフを元気にし、仕事を続けるモチベーションにつながるので、積極的に声をかけてください。こうした言葉のやりとりによって、信頼関係が築かれていきます。

　しかし、なかには消費者意識の高いためか、「金払っているんだから、オレの言うことを聞け」とばかりに高圧的な態度をとる人もいます。これでは介護スタッフとの信頼関係が築けないばかりか、本人が十分なサービスを受けることもむずかしくなるでしょう。言葉づかいなど、最低限のマナーは守っていただきたいというのが、すべての介護スタッフの願いです。

● ポイント

- ●介護スタッフとよい関係を築こう
- ●ケアマネジャーは、介護生活のパートナーと心得よう
- ●ケアマネジャーには何でも気軽に相談しよう

サービス利用までの流れ

① 申請

② 訪問調査

③ 審査・判定（要介護認定）

④ 結果の通知

⑤ サービスの選択

⑥ ケアプラン作成

⑦ サービス利用

75

8 自分が利用したい介護事業所を選んで契約する

岸野: では、通所リハビリ施設『プラージュ』の概要を説明します。運営しているのは医療法人大洋会で…

漁平: わかったよ。ここにサインすればいいのかい?

岸野: はい、お願いします。それからこれは個人情報の取扱いの説明になります

漁平: これにもサインするんだね

渚: お父さん、そんなに急いでサインしないでよ。よく説明聞いてからにしてよ

漁平: わかったよ

渚: 契約したあとでやめたいと思ったら、どうすればいいんですか?

岸野: 事前にご連絡いただければ、いつでも契約を解除することができるので、ご安心ください

●介護サービス事業所は、選んで決められる

　介護保険サービスは、被保険者である本人やその家族が、希望する介護サービス事業所を自由に選択できます。

　たとえばデイサービスなら、候補を絞り込んだのちに実際に見学をして、納得してから決めることが大切です。漁平さんの場合も、入院中に病院に併設された通所リハビリ施設を見学して、納得してから利用契約に至りました。

　こうして介護サービス事業所と利用契約を結んで、初めて利用を開始することができます。医療保険のように保険証1枚で全国どこの医療機関でもかかれる手軽さと比較すると、かなり手間のかかる作業です。

　しかし、病院のように1回または数回通って治療を行なう行為とは本質

的にちがうのが介護保険サービスです。

　介護保険サービスは、本人や家族が自ら事業者を「選択」し「契約」して利用するのが大きな特徴ですが、一度契約すると繰り返し利用することが圧倒的に多く、究極のリピートサービスともいえます。それだけに、契約時には家族が立会い、重要事項の説明を一緒に聞いて、納得してから署名・捺印をすることが重要となります。

●契約の解除はいつでも可能

　実際に介護サービスを利用して不満が多ければ、事前に予告すればいつでも解約することができます。解約金などはかかりません。言いにくい場合は、ケアマネジャーに相談して代弁してもらうことができます。

　また、要介護の認定を受けている場合、たとえば2か所のデイサービスを同時に利用することも可能です。なかには3か所利用している人もいます。

　もし、いま通っているデイサービスを変更したいと考えている場合、別のデイサービス事業所と契約して、同時に2か所利用して、比較検討することもよいでしょう。このように、柔軟な利用ができることも介護保険サービスの大きな特徴です。

　ただし、**要支援1、2の人は、複数のデイサービスを同時に利用することはできないため、1か所に限定する必要があります。**要支援の認定者が事業所を変更する場合は、一度解約してから、別の事業所と新たに契約してサービスを利用することになります。

ポイント

- ●介護保険サービスは、利用前に事業者と個別に契約する
- ●契約時は、重要事項の説明を受け、納得してから署名・捺印する
- ●解約は、事前に通知すればいつでもできる

1分でわかる第2章のまとめ

・介護保険サービスは、本人や家族が何に対して困っているかをケアマネジャーが専門的な視点で検証し、本人・家族の意向を踏まえながら、課題を解決するために介護サービス計画書（ケアプラン）を作成し、計画的に利用する。

・退院前や新たに介護保険サービスを利用する時は、介護保険サービスの関係者が集まって今後の方針を検討する会議が持たれるので、本人や家族は率先して参加し、担当者に意向を伝える。

・介護保険サービスの利用により、課題の解決や家族の負担軽減に役立っているかを振り返り、必要があればその都度見直しすることが重要で、当初のケアプランが課題解決に至っていなければ、再作成を依頼する。

・介護サービス事業所を選ぶ際は、ケアマネジャーのアドバイスを受けながら、本人・家族が自ら選んで個別に契約する。特にデイサービスなど通所系の施設を利用する際は、事前に見学し、受入れ状況や施設の雰囲気などを確認してから利用契約を結ぶ。

第3章

退院後のサービス利用とトラブル解決法

　　介護保険サービスは、実際に利用
を開始してからの効果測定が重要で
す。第3章では、退院後の漁平さん
の生活を追いながら、介護スタッフ
との接し方や、介護保険サービスの
利用によって効果が表れているか、
新たな課題は発生していないかなど
の検証、トラブル発生時の解決法に
ついて確認していきます。また、要
介護認定の更新制度や変更申請の方
法についても紹介します。

1 退院後の日常生活は医療・介護の専門チームが支える

渚: お父さん、退院おめでとう。今日は退院祝いでお兄ちゃんもかけつけてくれたので、久しぶりにお酒が飲めるね

漁平: やっぱり、うちが一番だな

洋介: 退院したからといって、はめ外して飲みすぎないようにしてくれよ。オレはあまり実家には帰れないけど、オヤジには長生きしてもらいたいからな

漁平: わかってるよ

渚: 明日から早速、週3回のリハビリに通うことになっているんだから、お母さんと一緒にがんばってね

●退院後は自宅での生活が中心

　病院での治療や医療的なリハビリが終われば退院できます。とはいえ、退院して何もしなかったら、せっかく取り組んできたリハビリの成果が持続できずに、もとの状態に戻ってしまう可能性があります。

　こうした事態を防ぐために、第2章で説明したとおり「医療と介護の連携」が強く求められ、退院する前に介護保険の申請をしたり、自宅のバリアフリー化を進めるなどの方策をとる必要があります。

　医療サービスは、病院や診療所で受けるのが基本ですが、介護保険サービスは、本人の自宅で受けるのが基本です。自宅からリハビリ施設に通ったり、反対に自宅に来てもらうなど、医療や介護保険サービスを利用することで、自宅での生活を基本にしながら生活を少しでも安定させ、健康状態の維持・改善を図ることが大きな目的になります。

　具体的には、入院中は毎朝看護師が血圧や体温を測定していたように、自宅でもこうしたバイタルチェックができるとよいです。この点では、通所介護施設に通うと、看護師や介護スタッフが測定・記録してくれるので

安心です。

●介護スタッフを受け入れる準備を

　介護保険サービスの利用が開始されると、ケアマネジャーをはじめ介護スタッフが自宅を訪問する機会が増えてきます。特に、訪問介護や訪問看護などは自宅で受けるサービスなので、介護・看護スタッフが毎週定期的に自宅を訪問することになります。

　なかには「家に来てもらっては困る」と、自宅への訪問を受け入れない家族もいます。室内が散らかっていることや、プライベートな空間に他人を入れることに抵抗があるというのが主な理由です。

　介護・看護スタッフは、何も好奇心で利用者の自宅を訪問するわけではありません。あくまでも介護や医療サービスを提供するためです。そのうえで、本人が自宅でどんな生活をしているのか、体調の変化はないか、つまずいて転倒しそうな場所はないか、食事はきちんと摂れているかといった情報を知る必要があります。

　また、通所サービスの利用では、朝夕の送迎時に家族と連絡を取り合うことで、本人の情報を共有することができます。そして課題があればケアマネジャーに報告して、利用者や家族と一緒に解決策を考え、不安や心配を一つずつ解消していくのが介護スタッフの仕事です。

　介護保険サービスの利用開始後は、気持ちよく介護スタッフを自宅に迎え入れ、専門職の視点を取り入れるようにしてください。そのことが、危険や異常を早期に発見し、悪化の防止にもつながるのです。

● ポイント

- ●介護保険サービスの利用で、親の生活を豊かにしよう
- ●介護スタッフとよい関係を築こう
- ●介護生活に専門職の視点を取り入れよう

2 ケアマネジャーが定期訪問して、介護保険サービスや生活状況を確認する

潮見

漁平さん、お元気ですか？　ケアマネジャーの潮見です。早いもので退院して1週間が過ぎましたね。今日は、漁平さんの生活状況の確認や、退院後に利用を開始した介護サービスの感想を聞きに伺いました。何か心配事はないですか？

漁平

別に問題ないね。リハビリもちゃんと通っているし、運動してくると、夜のビールがうまいからね

潮見

血圧には気をつけて、リハビリ頑張ってくださいね。家の中に取り付けた手すりの使い勝手はどうですか？

漁平

大丈夫だよ。ベッドでの起き上がりも、手すりを置いてもらったおかげで、うまくできているよ

●介護保険サービスは定期的に検証する

　ケアマネジャーは毎月、利用者の自宅を訪問して、介護保険サービスの利用状況や満足度、それに新たな生活上の課題が発生していないかなどを、本人や家族に直接会って確認することになっています。

　その結果、サービスをこのまま継続するか、変更するかを本人や家族と相談しながら判断し、必要があれば新たなサービスを導入するなど、ケアプランの変更について検討します。

　介護保険サービスは、一度導入したらそれで終わり、ということではなく、ケアマネジャーが定期的に検証して、本人の健康状態の維持や改善、生活の質の向上に努めていきます。

　家族の立場からすると、「本人が気に入っているのだから、そのままでかまわない」と、つい本人任せにしがちです。しかし、通所施設に通っている場合であれば、連絡帳に介護スタッフが記入した記録にこまめに目を通すようにして、介護施設での日頃の利用状況を確認します。

　また、「昨晩から下痢して体調が思わしくない」「少し熱があるので、入

浴は見合わせてほしい」など家庭での様子も連絡帳に記入して、上手に活用することをお勧めします。連絡帳のやり取りを通して、「通所施設のスタッフとつながっている」ということで家族も安心できます。なお、緊急を要することや重要なことは、電話で直接スタッフに伝えるようにしましょう。

　訪問系のサービスを利用する場合でも、担当スタッフは必ずその日のサービス内容や気づいたことを記録として残していきます。それを確認し、必要があれば家族欄に記載します。

●気になることはケアマネジャーに相談する

　このほか、在宅生活全般で気になることがあれば、ケアマネジャーが訪問した際に直接相談してください。もちろん、緊急を要することや重要と思われることは、その都度電話で相談するなどして、気になっていることを先送りしないことが大切です。

　ケアマネジャーの訪問回数に制限はありませんが、利用者や家族の都合に合わせて訪問日時を決めることができるので、利用者本人に任せきりにせず、家族も可能な限り立ち会うようにしましょう。

●ポイント

- ●サービス利用後の定期的な検証が重要
- ●気になることは先送りしないで、すぐに確認しよう
- ●毎月のケアマネジャーの訪問の際は家族も立ち会おう

3 介護事業所で事故が発生したときは？

漁平さんは、通所リハビリ施設「プラージュ」で歩行中にバランスを崩して転倒してしまいました。

小湊　どこか痛いところがありますか？

漁平　左の膝を少し打ったようだ

小湊　すぐ看護師を呼びますね

船井　大丈夫ですか？　患部を湿布して、様子をみましょう

●介護現場は、危険がともなう

　漁平さんの転倒は幸い軽い打撲で済みましたが、場合によっては骨折をともなう大ケガになることもあります。通所施設では、介護スタッフが利用者の安全に配慮して、事故やケガのないよう介助したり見守ったりしますが、それでも不慮の事故は起こるものです。

　特別養護老人ホームなどの入所施設も含めた介護現場でもっとも多いのが転倒・転落事故で、全体の約8割を占めます。通所施設でも、午前中は主に入浴介護でスタッフは大忙しですし、入浴介護が終わると昼食の準備、一人で食事が摂れない利用者には食事の介助もします。その合間に、トイレへの移動介助や、人によってはトイレ内で排泄介助もします。

　このように、日帰り施設でも、介護スタッフは休む暇もなく利用者をケアしながら安全確保に努めていますが、常に1対1で対応することは事実上困難です。そこで残念ながら、介護スタッフが少し目を離した隙に利用者が一人で移動しようとしてつまずいて転倒する、ということが起こることがあるのです。

●介護事故が発生した場合の対応例

　では、もし通所施設で転倒し、骨折をともなうような大ケガをした場合、利用者の家族としては、どう対応したらいいのでしょう？　山岸さん（仮名）の事例をもとに考えてみます。

事例　◆ 施設内で事故が起こったとき ◆

　山岸和子さん（仮名、82歳・女性、要介護4）は、認知症の症状があり、長女が自宅で介護しています。長女は仕事があるため、週に5回、通所施設を利用していました。

　和子さんは、落ち着いて座っていることができずに、すぐに立ち上がり室内を歩きまわってしまいます。介護スタッフはその都度、目で和子さんの動きを追っていましたが、ある時、テーブルからはみ出て置かれたイスの脚に引っ掛かり、その場で転倒してしまいました。

　和子さんの「痛い！」という声に介護スタッフがすぐに駆け寄りましたが、腰に強い痛みがあり、動かせません。近くの救急病院に搬送し、検査の結果、右大腿骨頸部骨折と診断されました。その後、和子さんは骨折部を手術し、約3か月の入院生活を余儀なくされました。

　通所施設側と和子さんの長女で話し合い、イスがテーブルからはみ出た状態で置かれていたことや、介護スタッフの不注意などにより通所施設側に責任があるとして、入院にかかる費用については、施設側が負担することになりました。和子さんの長女が、通所介護施設と結んだ契約書の賠償責任についての項目には、以下の内容が記されています。

（賠償責任）
　事業者は、サービス提供にともなって、<u>事業者の責めに帰すべき事由により利用者の生命・身体・財産に損害を及ぼした場合は、利用者に対してその損害を賠償する。</u>

　和子さんの長女は、「母は家でも徘徊するので、施設側の責任を問うことに迷いもありましたが、入院が3か月にも及び、本人もつらか

ったと思うし、私も大変だったので、施設側の再発防止のためにも、あえて損害賠償をしてもらいました」と話しています。

●施設側の過失の有無がポイント

　日帰り施設や入所施設で、もし事故が発生した場合は、あらかじめ取り交わした契約書の内容をよく確認する必要があります。

　契約書にはたいてい賠償責任の項目があり、前ページの条文は、「施設側の過失によって利用者にケガを負わせた場合は、施設側で入院費等を負担する」という内容です。逆に言うと、「施設側の過失でない介護事故に対しては、賠償はしない」という意味で、施設側に過失があるかないかの判断がポイントになります。

　和子さんのケースで言えば、イスが無造作に置かれていて、それにつまずいて転倒したことは施設側の過失です。利用者の心身の安全を守るという安全配慮義務を怠ったといえます。

　転倒の危険性が高い高齢者を介護施設に預ける際には、介護サービス事業所との契約時に疾患名や服薬内容、過去の転倒歴、自宅での日頃の様子を詳しく担当者に伝えます。特に、夜間は、日中に比べ転倒の危険性が高まるので、必ず呼び出しボタンを使って介護職員を呼んでもらうことを徹底します。また、認知症などでボタンが押せない場合は、センサーマットをベッド脇に設置し、本人が足をおろしたらチャイムが鳴るようにして、介護スタッフがかけつけるような配慮をしてもらいます。

　介護事故は起こらないことが望ましいのですが、歩行能力や判断能力の低下した高齢者が利用する介護施設は、事故が起こりやすい場所であると心得ておきましょう。

ポイント

- ●事故やトラブルの際は事実関係を確認しよう
- ●ある程度のリスクは日頃から覚悟しておこう
- ●利用契約書の賠償責任について確認しておこう

第3章 ● 退院後のサービス利用とトラブル解決法

4 介護事業所を変更したいときはケアマネジャーに相談する

漁平　渚、このままリハビリを続けても、どこまでよくなるかわからないから、しばらく中止しようと思っているんだけど…

渚　何言ってるのよ、お父さん。まだ通い始めて1か月も経ってないじゃない？　リハビリでもっとよくなって、お母さんとまた旅行に行くんじゃなかったの？

漁平　そうだけど、いま通っているところは1日が長くて、退屈なんだよ

渚　せっかく通い始めたんだから、もう少し辛抱して通ってよ！

漁平　わかったよ、もうしばらく通うよ

●介護サービス事業所は自由に選べる

　漁平さんは通所施設での1日を長く感じているようです。もしかしたら、半日でリハビリだけの通所施設が合っているのかもしれませんね。

　介護保険サービスは、契約によって自由に事業所を選べます。私たちが買物をする際に、契約行為が発生するかしないかの違いはありますが、どの店を選ぶかを自由に決めることができるのと似ています。

　介護保険サービスは、ケアマネジャーが作成するケアプランに従って、利用者にサービスが提供されます。しかし、選んだ事業所の雰囲気が合わない、目的が十分に達成されない、あるいは介護スタッフの対応にどうしても納得がいかない、いま通っているデイサービスがつまらないので別のデイサービスに変更したい、といった要望は少なからず発生します。

　このようなときに、一度契約書を取り交わしたからもう少し我慢しよう、とか、改めて別の事業者と契約を取り交わすのが面倒だ、といった気持ちからそのまま利用を継続すると、本人に不利益をもたらすだけでなく、認知症の症状や介護状態を悪化させることにもつながりかねません。

デイサービスがつまらない、不満があるなどと親から聞いたら、ケアマネジャーを交えた話し合いの場を持ち、よく本人の言い分を聞くようにしましょう。

　たとえば、「昼食が運ばれてくる順番がいつも遅い」といった不満があるときは、なぜ遅いのかをデイサービス側に確認し、その結果、とろみをつけるのに時間がかかるためだという原因がわかれば、それを改善してもらうことによって利用を続けるケースもよくあります。

　また、送迎時間が予定よりも遅れる、という苦情もよく聞きます。送迎時間は、交通事情やその日の天候、あるいはその日の利用者の休み等によってルートが変更になり、予定時間より遅れたり、逆に早まったりします。このようなことは、デイサービス側から説明を受ければ、納得できることではないでしょうか。

●利用契約の解約も簡単にできる

　介護サービス事業所のサービス内容に不満があり、苦情としてそのことを申し入れても一向に改善されない、あるいは対応に誠意がみられないなどと感じる場合は、ケアマネジャーに相談しましょう。申し出によって改善され、解約しなくてもすむこともあります。それでも改善されない場合は、別の事業所を紹介してもらいます。

　解約に関する事項は契約書に明記してあり、たいていは口頭でその旨を伝えれば解約できます。言いにくい場合は、ケアマネジャーに相談して、代わりに伝えてもらってください。

●行政に間に入ってもらうことも

　また、介護サービス事業所の対応に、どうしても納得ができず、第三者の意見を求めたい場合は、各自治体の介護保険担当窓口に相談し、対応を依頼します。

　それでも解決できない場合は、都道府県の国民健康保険団体連合会（以下、国保連合会という）の介護保険苦情相談窓口に相談することができます。ここでは、公正・中立の立場から利用者・家族、介護事業者の両者の

言い分を聞き、事業者側に改善する必要があれば、改善を指導したり助言します。

　国保連合会への苦情申立ての流れは、下図のとおりです。行政や国保連合会に相談するのは最終手段と考え、不満や苦情がある場合は、ケアマネジャーや地域包括支援センターの相談員に間に入ってもらい、納得いくまで話し合いましょう。

◆ 国保連合会が取り扱う苦情処理の流れ ◆

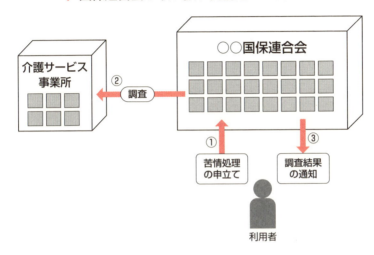

●ポイント

- 介護サービス事業所は、いつでも変更できる
- 不満や苦情は、介護サービス事業所と十分に話し合おう
- 双方の話し合いで解決できない場合は、公的機関に相談しよう

5 担当ケアマネジャーも変更できる

渚：潮見さん、私の友だちでお母さんを介護している人がいるんですけど、担当のケアマネジャーとあまりうまくいってないようなんですよ。お願いしたことを、なかなかやってくれなかったり、どうも相性もよくないみたいで…。こんな場合は、ケアマネジャーって代えられるんですか？

潮見：ええ、代えられますよ。そのケアマネジャーが所属する事業所と契約しているので、管理者に連絡して、代えてもらうといいですよ

●ケアマネジャーの変更は事業所の管理者に

　介護保険サービスの調整役であるケアマネジャーは、利用者と居宅介護支援事業所との契約に基づいて、事業所の指名によって選ばれています。したがって、ケアマネジャーの対応に不満がある場合は、変更してもらいましょう。本人に直接言いにくいと思うので、ケアマネジャーが所属する事業所の管理者に相談して、担当者を変更してもらいます。また、事業所自体を変更することもできます。

　ただ、どのタイミングで変更を願い出たらいいか、家族としては迷うのも事実です。親とは相性がよく、うまくやっている場合などは特にタイミングがわからないと思います。そこで、次ページに実際に変更した理由をまとめてみたので、参考にしてください。

　なお、担当のケアマネジャーが管理者を兼ねていたり、所属する事業所にそのケアマネジャーしかいない場合は、担当地区の地域包括支援センターもしくは役所の介護保険担当窓口に相談します。役所の連絡先は、ケアマネジャーと交わした契約書に記載されています。

　ケアマネジャーは、2人同時に依頼することができません。代えてもらって初めて、「今度の人はよさそうだ」というように、前任者との比較ができます。

◆ ケアマネジャーを変更する際の目安 ◆
（実際にあった変更理由）

・特別不満はないが、相性が悪いと感じる
・所属法人のサービスを執拗に勧めようとする
・経験や知識不足が目立つ
・誠実さがみられず、傲慢な態度が鼻につく
・依頼したことを忘れる、質問への回答が遅い
・いつも留守で、なかなか連絡がつかない
・友人に別のケアマネジャーを紹介してもらった

●こんな場合は自動解約に

　利用者本人が亡くなったり、特別養護老人ホームや介護老人保健施設などに入所した場合は、契約は自動的に解約となることが契約書に明記されています。

　また、介護サービス事業所側の都合でサービスが提供できずに解約に至るケースもあります。たとえば、業績不振やスタッフ不足で経営を続けることができず、介護サービス事業所を閉鎖する場合や、介護サービス費の水増し請求などの不祥事を起こして、行政から指定取消しの処分を受けた場合などです。このような場合、介護サービス事業所は事前に文書で通知したうえで、利用契約を解約しなければならないことになっています。

ポイント

● パートナーであるケアマネジャーも変更できる

● 解約の事項や相談先は、契約書を確認する

● 事業所側の都合で解約する場合は、文書で通知される

6 認定更新の時期が来たら、再申請手続きをケアマネジャーに依頼する

潮見: 介護保険は、定められた認定期間を過ぎるとサービスが利用できなくなります。漁平さんは要介護1で、今回の認定期間は1年に設定されました。私も気をつけますが、役所から更新のお知らせが届いたらご連絡ください。私が更新手続きを代行します

渚: そうなんですか。ずっと使えるわけではないんですね。いつ切れるか知りたい場合は、何を見たらわかるんですか?

潮見: 介護保険証に記載してあるので、そこで確認できます

渚: 役所からのお知らせは、いつ頃届くのですか?

潮見: 認定期間が切れるおよそ2か月前です。いつ頃届くかは、前の月にお知らせしますね

●介護保険は更新手続きが必要

　介護保険が医療保険と大きくちがうことは、たとえば後期高齢者医療保険は、一定の時期に保険証が役所から自動的に郵送されますが、介護保険は認定期間が決まっていて、その認定期間が切れる前に更新の手続きをする必要があることです。運転免許証と同じと考えてください。

　認定期間は現在、新規申請の場合は3か月から12か月（1年）、更新申請の場合は3か月から最長36か月（3年）と決められていて、市区町村の介護認定審査会で、本人の要介護状態を総合的に判断して決定しています。

　ですから、人によって認定期間はまちまちで、夫婦で同時に申請して認定を受けても、夫が1年で妻が2年ということもあります。役所から送られてくる「介護保険被保険者証（介護保険証）」に認定期間が記載されているので、日頃から確認しておきましょう。

　また、ケアマネジャーから毎月交付されるサービス利用票の認定情報欄

にも認定期間が記載されているので、毎月確認する習慣をつけましょう。更新月を確認したら、カレンダーに記入しておくことをお勧めします。

心身の状態が変わらなければ、最近は3年と認定されるケースが増えてきました。毎年のカレンダーだけでは管理が難しいので、家族が自分の手帳に記入しておくとよいでしょう。

役所から更新手続きの書類が届いたら、まずケアマネジャーに連絡します。通常は、認定期間が切れる2か月前に、自宅に更新手続きの通知が郵送されます。認定の有効期間は、多くの場合ケアマネジャーが把握していますが、任せきりにせず、家族も介護保険証で認定期間を確認しておきましょう。

更新の申請手続きは、本人や家族が役所の窓口に行くことができれば直接申請し、行けなければケアマネジャーに申請を代行してもらいましょう。申請や代行手続きに費用はかかりません。

もし、更新手続きをせずに介護保険サービスを利用した場合、認定期間が切れた翌日からは保険の適用外となり、利用したサービスは全額自己負担となるので、気をつけてください。たとえば、認定期間が11月30日までで、12月10日に更新申請をしたとすると、12月1日から12月9日までは認定を受けていない期間となり、全額自己負担となります。

2016年（平成28年）1月から始まったマイナンバー制度により、介護保険の各種申請書にも12桁のマイナンバーを記載することが義務づけられました。マイナンバーカードや通知カードは確実に保管して、介護保険の各種手続きに備えましょう。

●申請後は新規申請と同様に訪問調査を

更新申請書を提出したら、新規申請と同様に、役所からの訪問調査を受ける必要があります。また、主治医にも意見書を作成してもらいます。手間がかかりますが、サービスを継続して利用するために欠かせない手続きです。

更新だからと甘く考えてはいけません。介護保険の更新は、運転免許証の更新手続きと大きく異なるからです。

◆ 介護保険要介護認定申請書の記載例 ◆

第11号様式（第8条関係）　　　　　　（表）

介護保険 〔 要介護認定・要支援認定　／　要介護更新認定・要支援更新認定 〕 申請書

網浜市長
次のとおり申請します。

	申請年月日	令和元年10月1日
申請者氏名	津島　渚	本人との関係　長女
提出代行者名称	該当に○（地域包括支援センター・居宅介護支援事業者・指定介護老人福祉施設・介護老人保健施設・指定介護療養型医療施設） 網浜総合病院　居宅介護支援事業所 印	
申請者住所	〒　　　　　　　　　　　　電話番号　○○○-○○○○ 千葉県松浦市深見453	

被保険者

被保険者番号	0000543210	個人番号	123456789012
フリガナ	ハマノ　リョウヘイ	生年月日	明・大・㊐ 15 年 7 月 31 日
氏　名	浜野　漁平	性　別	⊛ ・ 女
住　所	〒　　　　　　　電話番号　○○○-○○○○ 千葉県網浜市朝日ヶ丘1丁目2-3		

前回の要介護認定の結果等
※要介護・要支援更新認定の場合のみ記入

要介護状態区分　① 2 3 4 5　経過的要介護　要支援状態区分　1 2

有効期間　平成30 年12 月1 日 から　令和元 年11 月30 日

過去6ヶ月間の介護保険施設・医療機関等入院入所の有無 有・無	介護保険施設の名称等・所在地	期間 年 月 日〜 年 月 日
	介護保険施設の名称等・所在地	期間 年 月 日〜 年 月 日
	医療機関等の名称等・所在地	期間 年 月 日〜 年 月 日
	医療機関等の名称等・所在地	期間 年 月 日〜 年 月 日

主治医	主治医の氏名	磯崎英輔（脳神経外科）	医療機関名	網浜総合病院
	所　在　地	〒　　　　　　　　　　千葉県網浜市磯辺2丁目3-4 電話番号 ○○○-○○○○		

第2号被保険者（40歳から64歳の医療保険加入者）のみ記入記入

医療保険者名		医療保険被保険者証記号番号	
特定疾病名			

介護サービス計画の作成等介護保険事業の適切な運営のために必要があるときは、要介護認定・要支援認定に係る調査内容、介護認定審査会による判定結果・意見、及び主治医意見書を、白河市から地域包括支援センター、居宅介護支援事業者、居宅サービス事業者若しくは介護保険施設の関係人、主治医意見書を記載した医師又は認定調査に従事した調査員に提示することに同意します。

本人氏名　浜野　漁平

市記入欄	回　収	交　付
	済・未	済・未

94

第3章 ● 退院後のサービス利用とトラブル解決法

（裏）

☆ 以下に記入してください。

1、本人は介護保険サービスの利用に関して抵抗や拒否はありますか？ 〔 は い ・ （いいえ） 〕

　　※抵抗や拒否がある場合は、認定調査であることを伏せて「高齢者訪問」等の名目で調査を
　　　行うこともできますのでご相談ください。

2、希望するサービス内容は？ 〔 （訪問介護（ホームヘルプサービス）・ （通所介護（デイサービス）
　　　（住宅改修）・ （福祉用具）・ 施設入所・その他（　　　　　　　　　）〕

　　※身近で家族が生活している方の訪問介護利用については注意点がありますので、別紙（訪問介護の生活援
　　　助を利用希望される方へ）を参照してください。

3、お体の様子についてうかがいます。
　　① 「歩くこと」は次のどれに当てはまりますか？
　　　　　　　　　　　　　　　　　　〔 支えなしで可能 ・ （何かにつかまれば可能） ・ できない 〕

　　② 認知症の心配はありますか？　　　　　　　　　　　　　　〔 は い ・ （いいえ） 〕

4、入院中の方についてうかがいます。
　　① 入院理由を記入してください。　　〔 病棟名： _2階病棟_
　　　　病名：　_脳梗塞_　　　　　　　　病状：　_左半身マヒの後遺症あり_
　　〕

　　② 現在、どのような治療を受けていますか。　　〔 点滴・酸素吸入・経管栄養・リハビリ
　　　　　　　　　　　　　　　　　　　　　　　　　その他（　　　　　　　　　）〕

　　③ 退院の予定はいつ頃ですか。　　　　　　　〔　　　月　　　日頃 ・ 未定 〕

　　④ 現在の病院を退院された後は、どのように考えていますか？
　　　　　　　　　　　　　　　　　　　〔 在宅 ・ 病院 ・ 施設 ・ その他（　　　）〕

5、認定調査は、ご家族様の同席のもと、平日の日中に自宅で行います。
　　◇ 日中に必ず連絡の取れる連絡先をご記入ください。（同席する方の携帯電話番号等）

　　　氏名　_津島 渚_　　　　　　　電話番号　_○○○-○○○○-○○○○_
　　　　　　続柄（　_長女_　）

　　◇ 調査を希望する時間帯はいつですか。

　　　　　　　　　　　　　　　　　〔 午前 ・ （午後） ・ どちらでも良い 〕

　　※認定調査は自宅で行いますが、退院後すぐに介護サービスを利用する場合に関しては、入院中
　　に調査を行うことが可能です。ただし、入院中の調査を行う場合は病状が安定してからの実施
　　となります。なお、病院での調査は午後2時以降となります。

　　※申請日から１０日以上経っても市役所から連絡がない場合は、市役所高齢福祉課介護保険係
　　までご連絡ください。（℡　０４○○－○○－○○○○（代表））

　　　　　　　　　　　　　　　　　　　　　受付者氏名（　　　　　　　）

サービス利用
後の流れ

①　サービス利用

②　サービスの検証

③　サービスの継続
（更新手続き）

介護保険の更新申請は、新規申請と同じように、最初からすべての流れを繰り返します。調査項目は毎回同じ内容ですが、2回目になると油断してケアマネジャーに立会いを依頼しなかったり、家族も同席しない場合があり、その結果、要介護度が下がって、いままで利用していた介護保険サービスが利用できなくなることがよくあります。「要介護度が下がる」とは、たとえば要介護3の人が要介護2になる場合などをいいます。

　特に、区分支給限度基準額（29ページ参照）ぎりぎりまで利用している場合は、介護度が下がって同じ介護保険サービスを利用しようとすると、区分支給限度基準額を超えてしまい、超えた部分は全額自己負担となるため、介護費用の総額が数万円単位で増える可能性があります。

　また、高齢者はできないことを認めたがらず、無理をして「自分でできる」と調査員に主張する傾向があり、それを避けるためにも第三者の立会いが必要です。

　調査員は毎回異なるので、介護保険サービスを利用するきっかけや病歴などを、初めから聞かれることになります。全国一律の調査項目とはいっても、回答の仕方によっては調査員がつけるチェック内容に差が生じることがよくあります。ですから、2回目だからといって油断せずに、ケアマネジャーに同席をお願いしたり、家族も必ず立ち会って、日頃の様子を詳しく伝えてください。

　更新手続きをして、最初と同じように要介護認定を受けると、更新後の介護保険証が郵送されます。ただし、更新後の介護度は前回とちがう場合があります。

　手元に介護保険証が届いたら、すぐにケアマネジャーに連絡します。新しい介護保険証で介護度が変更になった場合は、いままでの介護保険サービスが同じように利用できるのか、それとも調整が必要なのかを、ケアマネジャーに判断してもらいましょう。

　また、更新時に、サービス担当者会議といって、介護保険サービスの責任者との会議が開催されるので、ケアマネジャーと日時の調整を図ります。

●更新認定結果に不満がある場合は？

　前回と比べ介護度が下がるなど、更新認定で期待した結果が得られなかった場合は、まずは訪問調査の調査票と主治医意見書の写しを役所への情報開示請求により入手し、ケアマネジャーとともに検証します。

　その結果、実際の状態と調査内容や医師の意見書の内容にちがいがあるようであれば、「変更申請」といって再申請を行ないます。再申請のタイミングは、更新認定期間の開始日とします。たとえば、４月１日から更新認定期間が設定された場合は、４月１日付けで申請します。４月１日が土日など役所の閉庁日にあたる場合は、事前に役所に問合せ、４月１日付けで申請を受理してもらうための指示を受けます。この申請手続きは、ケアマネジャーが代行してくれます。

　申請が受理されると、あらためて訪問調査を受けることになります。その際は、ケアマネジャーに同席を依頼して、情報開示された前回の調査票を手元に置きながら、調査内容を一つずつ確認していきます。前回調査の結果と実際の状態がちがう項目については、調査員に詳しく説明し、調査結果に反映してもらうようにしましょう。また、主治医意見書の内容も二次判定で重要な役割を果たすので、診察時に主治医意見書を持参して、医師に日頃の状態を説明し、正確な意見書の記入を依頼します。

◆ 更新認定結果に不満がある場合の変更申請手順 ◆

①情報開示請求により、調査票と主治医意見書を入手
②ケアマネジャーとともに内容を検証
③更新認定期間の開始日に変更申請書を提出

ポイント

- ●更新手続きは、認定期間内に忘れずに行なおう
- ●更新時の訪問調査にも、家族は必ず立ち会おう
- ●更新認定結果に不満があれば、再申請しよう

7 状態が悪化した場合は、認定期間内でも変更申請や審査請求ができる

渚　介護保険サービスは、介護度によって保険で使えるサービス量がちがうんですよね

潮見　ええ、そうです

渚　父もそうですけど、これから年を重ねていくので、もし転倒して、いまより歩けなくなった場合は、いまの介護度では必要な介護保険サービスを受けられないんじゃないかと…。そんな場合は、どうしたらいいんですか？

潮見　介護保険では、そうした場合には、認定期間内であっても、変更申請といって、再申請ができることになっています。その際は、本人やご家族とよく相談して、再申請の時期を決めていきましょう

渚　わかりました。いつでも再申請ができると聞いて安心しました

● **再申請は、いつでもできる**

　介護保険は、認定期間が決まっていて、その期間内のみ保険が適用されます（前項参照）。そして、介護度が高くなるほど、保険で使えるサービス量が増えます。

　サービス量とは、介護度別に設定されている区分支給限度基準額のことで、たとえば、要介護１では16,765単位で、これをすべて利用すると、１割負担で16,765円になります。要介護３になると保険で使える枠が27,048単位となり、いままで介護保険で週３回利用していたデイサービスを週４回に増やしたり、新たにショートステイを利用することなども可能になります。もし状態が悪化したら、その状態に見合った介護度に変更してもらう必要があります。

　介護度の見直しは、認定期間内であれば、いつでも行なうことができます。ケアマネジャーに相談して、手続きを代行してもらいましょう。介護

◆ 区分支給限度基準額 ◆

(2019年10月1日現在)

	介護度別の区分支給限度額（保険で使える枠）	介護保険で使えるサービス費の総額	限度額すべて使った場合の自己負担額（1割負担の場合）
要支援1	5,032単位	50,320円分	5,032円
要支援2	10,531単位	105,310円分	10,531円
要介護1	16,765単位	167,650円分	16,765円
要介護2	19,705単位	197,050円分	19,705円
要介護3	27,048単位	270,480円分	27,048円
要介護4	30,938単位	309,380円分	30,938円
要介護5	36,217単位	362,170円分	36,217円

度の見直しのための申請のことを「変更申請」といいます。

　変更申請をすると、第1章で紹介したとおり、役所の調査員が自宅に来て、新規申請の際と同じ内容で調査を行ないます。その際に、前回と比べ状態が変わったことを調査員に詳しく伝えます。特に認知症の症状が進行した際などは、どういう症状がどの程度の頻度で発生するのか、それによって、家族がどんな対応をしているのかなどを詳しく伝えます。

　たとえば、家族が目を離すとすぐに自宅の外に出たがってしまい、家族が常に気をつけていなければならない、そんなことが毎日あるのか、1週間に2〜3回程度なのか、月に1回程度なのか、その頻度によって、チェック項目が異なります。

●介護度が上がると介護費用も高くなる

　ここで気をつけたいことは、見直しの申請をしても、必ずしも介護度が上がるとは限らないことです。前回と同じか、まれに下がることもあるので、リスクを承知のうえで申請しましょう。

　もし介護度が上がれば保険で使えるサービス量は増えますが、デイサービスやショートステイは、介護度が上がるごとに1回あたりの単価も上がるので、その分、介護費用は増えます。ピザのサイズがSよりM、MよりLと大きくなるごとに値段が上がるのと似ています。

　なお、ヘルパーや訪問看護師など、訪問系のサービスは、介護度によっ

て単価が変わることはありません（一律の単価が設定されている）。

　また、変更申請は、役所に申請書を提出し受理された日から適用になるので、緊急性がなければ、3月1日など、月の初日に提出することをお勧めします。保険請求の際の手間が簡素化されるためです。

　いずれにしても、認定期間内に変更申請をする際は、担当のケアマネジャーによく相談して決めましょう。

●変更申請で不満が残る場合は審査請求できる

　変更申請をしても、認定結果が変わらないなど結果に不満がある場合は、都道府県の介護保険審査会に審査請求（不服申立て）をすることができます。これは、行政不服審査法に定められた行政処分に対する不服申立て制度で、要介護認定の結果を受け取ってから3か月以内に行なう必要があります。具体的な手順としては、まず役所の介護保険担当窓口で審査請求書をもらい、必要事項を記入して提出します。申請は、本人だけでなく家族が代理で行なうこともできます。

　審査請求書を受理した市区町村は、都道府県の介護保険審査会に申請書を送り、その後は、都道府県から調査員が来て本人や家族から介護状況を聞き取り、市区町村が行なった調査結果に誤りがないか調査します。

　その結果を介護保険審査会で審査しますが、結果が出るまで3か月以上かかる場合もあります。そのため、その間の介護保険サービスは利用できても、認定申請中の取扱いとなって通常の介護給付は受けられません（介護費用の支払いは一時的に止まる）。このため、数か月後に結果が確定した段階で過去の分もさかのぼって支払うことになり、一時的に介護費用が高額になるので、この点には気をつけてください。

●ポイント

- 認定期間内でも、変更申請ができる
- 介護度が上がると保険枠は広がるが、デイサービスなどの単価も上がる
- 都道府県の介護保険審査会に不服申立てもできる

8 利用者本人や家族の個人情報はしっかり守られる

漁平：介護のサービスを初めて使うたびに契約があって、個人情報の同意書にもサインしたけど、最近は企業の個人情報が何万人分も漏れたっていうニュースがよくあるけど、オレたちの個人情報ってのは、いったいどう扱われてるんだ？

渚：お父さんは、こうみえて意外と心配性だから、テレビのニュースを見ると、すぐ気になってしまうのよね

潮見：心配されるのは当然です。介護の仕事は、他人様のお世話をすることですから、どうしてもご本人のプライバシーに関わることや、ご家族のことまでいろいろと知ることになります。それは、介護保険の目的でもある『その人らしい自立した生活』を送ってもらうために必要な情報として伺っています。目的や取扱いははっきり特定されていますので、他人に漏らすようなことは一切しないことになっています。会社のパソコンも、個人情報を管理するために、いくつも安全対策をしているので、ご安心ください

●改正法で個人情報の範囲が拡大

　介護保険現場でのプライバシー保護や個人情報の取扱いについては、2005年（平成17）年4月に施行された「個人情報保護法」が基本になっています。また、厚生労働省の「医療・介護関係事業者における個人情報の適切な取扱いのためのガイドライン」などで、その範囲などに関しても決められています。

　個人情報保護法でいう個人情報とは、具体的には氏名、生年月日等により特定の個人を識別することができるものと、健康保険証や介護保険証などに記載された番号など個人に振り分けられた個人識別符号が含まれるものをいいます。

　また、2017年（平成29年）5月に改正個人情報保護法が施行され、取り扱う個人情報が5000人以下の小規模な介護保険事業者も個人情報取扱事業者としてこの法律の規制対象となっています。このほか、本人に対する不当な差別、偏見などが生じないよう取扱いに特に配慮を要する個人情報に

ついての定義が新設されました。これを「要配慮個人情報」といいます。

　医療、介護分野に関連する要配慮個人情報としては、病歴、心身の機能や障害の状況、健康診断等の結果、病気やケガに対する診療等が行なわれた履歴などが挙げられています。

　介護サービス事業所と利用契約する際には、必ず個人情報の取扱いに関する説明や同意を求められます。本人はもとより、家族の住所や連絡先、場合によっては勤務先の名称や連絡先まで聞かれる場合があります。

　担当者から説明を受け、わからない点は質問するなどして内容に納得したうえで署名・捺印するようにしましょう。

●介護保険サービスはプライバシーを扱う業務

　潮見さんが説明するように、介護は、要介護者本人やその家族の生活空間でサービスを提供する性格上、個人情報やプライバシーにかなり深く関わる仕事です。これほど個人情報やプライバシーに関わる仕事は他にないかもしれません。

　在宅介護の現場では、あらかじめ本人の病気や病歴、生活歴、家族構成などを把握したうえで、その時々の健康状態や変化なども観察し、必要があれば医療機関につなげる役割があります。

　本人との信頼関係が深まり何でも話せる間柄になると、たとえば家族との関係がうまくいっていないこと、あるいは家族にも話していない相続についての意向や、ときには虐待を受けていることなどを打ち明けられることもあります。

　こうした情報を得た場合、介護スタッフはケアマネジャーや関係機関に報告し、問題の解決に向けて対応することになります。特に身体的虐待などの事例では、利用者から「息子に暴力を受けた」と相談されたヘルパーの事業所から地域包括支援センターに通報が行き、事情を聞かれた息子から「何でそんなことまでヘルパーに話したんだ？」と、さらに虐待を受けたケースもあります。

第3章 ● 退院後のサービス利用とトラブル解決法

● プライバシー保護には尊厳の保持も

　漁平さんが心配するように、最近は個人情報を管理しているパソコンがウィルスに感染して、何万人分もの顧客データが外部に流出する事故が発生しています。こうした事故を防ぐため、介護サービス事業所は、顧客データを扱うパソコンのパスワードなどを厳重に管理したり、データの入ったUSBメモリーの持ち出しを禁じたりといった対策を講じています。

　プライバシー保護については、業務上知り得た利用者に関する情報を、不用意に他に漏らさないだけでなく、特に排泄や入浴介助などでは利用者の気持ちを傷つけないような配慮が必要です。介護スタッフはこれらに配慮して業務を行なっていますが、配慮のない言動をみかけたときは、改善を申し出てください。

　介護サービス事業所と取り交わした契約書には、次のような秘密保持に関する項目が記載されているので、これから契約する際には、しっかり確認しておくことをお勧めします。

第○条（秘密保持）

　事業者および事業者の職員は、サービス提供をする上で知り得た利用者およびその家族に関する秘密を正当な理由なく第三者に漏らしません。この守秘義務は契約終了後も同様です。

２．事業者は、利用者から予め文書で同意を得ない限り、サービス担当者会議等において、利用者の個人情報を用いません。

３．事業者は、利用者の家族から予め文書で同意を得ない限り、サービス担当者会議等において、当該家族の個人情報を用いません。

🔴 ポイント

- ●介護保険サービスを利用すると、個人情報は知られるものと心得よう
- ●契約時に、個人情報の取扱い方法や内容を確認しよう
- ●介護記録などで、本人の尊厳を傷つける表現がないか確認しよう

1分でわかる第3章のまとめ

・介護保険サービスの利用後は、さまざまな専門職が自宅を訪問することになるため、ねぎらいや感謝の言葉をかけるなど積極的にコミュニケーションをとって、いい関係づくりを心掛けるとともに、専門職の視点を取り入れる。

・介護保険サービスの調整役であるケアマネジャーと、ささいなことでも気軽に相談できる良好な関係を築く。ただし、相性が悪い場合は、事業所の管理者に連絡し、変更を申し出る。

・介護施設の利用中に発生した事故やトラブルは、事実関係を十分に把握し利用契約書の条文を根拠に、介護事業者の責任者と納得がいくまで話し合い、和解を目指す。

・それでも解決できない場合は、行政や地域包括支援センター、国保連合会などの第三者に間に入ってもらい、解決策を探る。

・要介護認定は、認定期間内のみ有効で、期間内に更新手続きを行ない、再度訪問調査を受ける。更新認定結果に不満があったり、認定期間中に本人の状態が悪化した際は、変更申請によって要介護度の見直しをする。

第4章

介護にいくらかかるか確認しよう

　介護保険サービスは、一度利用を開始すると終わりがみえないのが特徴です。そこで、サービスの種類ごとの利用料金を検討しながら、平均5年弱ともいわれる介護期間にかかるお金を削減する方法をお伝えします。まずは、各サービスの費用の概要を知ることから始めましょう。

1 親の預貯金や収支状況をよく知ろう

渚　お父さんって、いくらくらい預金しているの？

漁平　いきなり親の財産を聞くとは失礼だな。さては俺が死んだあとの算段をしているのか？

渚　そうじゃないよ。これから毎月、介護にもお金がかかるから、もし年金で足りなくなったら預金を崩すしかないでしょ？　それでも足りなければ私やお兄ちゃんも援助するつもりだけど、毎月の介護費用のことが心配になって、それで聞いたのよ

●介護保険料は一生払い続ける

　介護保険料は40歳から徴収が始まり、終身払い続けます。介護保険を年金と同じに考えていて、サービスの利用を開始すると自動的に保険料が免除されると思っている人が意外と多いようです。しかし、実際にサービスを利用するようになっても、介護保険料は払い続け、さらにサービス費の１割から３割を負担することになります（第１章参照）。

　介護保険サービスを利用すると、加齢とともにサービス量や月々の介護費用も増えていくのが一般的です。さらに、ショートステイを利用すると、保険のきかない食費や部屋代といった実費もかかってきます。

●親の年金額を知る

　公益財団法人生命保険文化センターが2018年（平成30年）に実施した調査によると、介護保険サービスの利用者の１か月あたりの平均費用は７万8,000円。また、介護保険サービスの利用開始時に、自宅のリフォームや手すりの設置、特定福祉用具を購入するなど初期費用の平均は約69万円です。

　初期費用の平均額は、自宅の増改築などのリフォーム費用で押し上げられているためで、大掛かりな増改築がなければ、初期費用は数万円から10

万円程度でしょう。

　離れて暮らす親の介護費用は、親の年金や預金から支払うことが多いようですが、新たに生じた費用負担が家計を圧迫することも考えられるので、場合によっては、生活費のうち交際費や遊興費などを削る必要もでてきます。

　まずは、収入状況を確認するために、親の年金額を知ることです。いきなり預金通帳を見せてもらうことが難しいようでしたら、日本年金機構から郵送される「ねんきん定期便」や「公的年金の源泉徴収票」などを見せてもらいましょう。

　お金のことは、子どもにはあまり触れられたくないのが親の心情です。心配をかけたくないからです。冒頭の渚さんのように、いきなり親の預金額を尋ねると、思わぬ誤解が生じる場合もあります。

　最近は振り込め詐欺など特殊詐欺の手口が巧妙になっているので、実際の被害ケースといった身近な話題から入り、親から聞き出してはいかがでしょうか。

● ポイント

- ●介護保険料は一生払い続けるうえ、サービスを利用すれば、その費用も負担することになる
- ●介護費用は年々増えていく
- ●親の預貯金額や年金額をできれば把握しよう

2 毎月のサービス利用票・別表はどう見たらいい？

漁平：渚、オレの介護費用は毎月どれくらいかかっているんだ？

渚：通所リハビリのプラージュと、福祉用具のレンタル費用で、今月は2万円くらいよ。プラージュのお昼代込みだとね

漁平：リハビリの昼代もかかっているんだな

渚：そうね、お昼代は保険がきかないから実費になるわね

漁平：介護って意外と金がかかるんだなあ

渚：でも実際に払うのはお父さんの場合は1割で、あとは税金と保険料で国や役所が負担してくれるんだから、ありがたい制度よ

●高齢期は毎月、医療費と介護費がかかる

　医療保険との比較でいうと、病気やケガで病院にかかる際、1回の診療代は、会計で負担額を請求されて初めてわかります。あらかじめ費用がわからないため、思ったより高額な料金を請求されて戸惑ったり、手持ちのお金で足りない場合があります。

　介護保険サービスでは、1回利用するごとに料金を支払うことはなく、月ごとにまとめて支払います。しかも、1か月でいくらかかるか、ケアマネジャーから毎月交付される「**サービス利用票**」と「**サービス利用票別表**」で、あらかじめ知ることができます。

　介護サービス費の算定方法は、要介護認定を受けた場合と、要支援認定を受けた場合で異なります。要介護1から5までの要介護認定の場合は出来高払いで計算し、「1回分の単価×回数」で総額が決まります。

　一方、要支援1または2の要支援認定の場合は、月極なので、たとえばその月に1回しか利用しなくても、1か月分の費用を払うことになりま

第4章●介護にいくらかかるか確認しよう

す。駐車場の料金でたとえると、**要介護者はコインパーキング方式、要支援者は月極方式**と覚えておくとよいでしょう。ただし、要介護者のコインパーキング方式は、利用する都度ではなく、かかった分を1か月まとめて支払います。これが、出来高払いといわれる方式です。どちらも1回ごとではなく、1か月分をまとめて支払います。

医療は、病気やケガを治すことが目的なので、病気やケガが治ったら保険サービスの提供は終わります。ただし、高齢期になると、高血圧症や糖尿病などの慢性疾患を抱える場合が多く、継続して医療サービスを受けることがほとんどです。

介護保険サービスも、多くの場合、介護を必要とする状態が継続するので、利用者負担額を計画的に支払わないといけません。そこで、1か月にかかる介護費用を詳しく把握して、家計への影響を少なくするといいでしょう。

高齢期になると、医療費に加えて介護サービス費の支払いが必要になることが多いと心得ておきましょう。介護サービス費のなかには、介護保険サービスの一部負担と、通所施設の昼食代やおやつ代、それにショートステイ利用時の食費や部屋代などがかかることを、あらかじめ計算に入れておく必要があります。

●「サービス利用票」「サービス利用票別表」とは？

介護保険サービスの利用が始まると、担当のケアマネジャーが「○月分サービス利用票・別表」という書類を持参します。内容を説明してくれるので、納得したら「利用者確認欄」に署名または印鑑を押します。

この「サービス利用票」は、月ごとの各介護保険サービスの予定表で、カレンダー形式になっています（110〜111ページ参照）。たとえば、毎週月曜日と木曜日、土曜日にデイケアの利用が計画されていれば、該当する日の予定欄に「1」と記載されます。訪問介護など訪問系のサービスも、提供日、提供時間ごとに予定欄に「1」が記載されます。

福祉用具貸与は月単位なので、合計回数欄に「1」が記載されます。
重要なのは、112〜113ページの「サービス利用票別表」です。この別表

109

◆ 漁平さんの「サービス利用票」の例 ◆

認定済み　　　　　　　　　　　　　　　　　　　　　　　　　　　　令和2年3

保険者番号			0	1	0	1	0	1	保険者名		網浜市

被保険者番号	0	0	0	0	5	4	3	2	1	0	フリガナ	ハマノ　リョウヘイ
											被保険者氏名	浜野　漁平

生年月日	昭和15年7月31日	性別	男	要介護状態区分等	要介護1
				変更後要介護状態区分等変更日	

提供時間帯	サービス内容	サービス事業者事業所名	日付	1	2	3	4	5	6	7	8	9
			曜日	月	火	水	木	金	土	日	月	火
9:30～16:29	通所リハビリⅢ261	通所リハビリプラージュ	予定	1			1		1		1	
			実績									
	通所リハビリ入浴加算	〃	予定	1			1		1		1	
			実績									
	通所リハマネジメント加算	〃	予定	1								
			実績									
	通所リハ中重度ケア体制加算	〃	予定	1			1		1		1	
			実績									
	歩行補助杖貸与	福祉用具はまかぜ	予定									
			実績									
	手すり貸与	〃	予定									
			実績									
			予定									
			実績									
			予定									
			実績									

第4章 ● 介護にいくらかかるか確認しよう

サービス利用票（兼居宅サービス計画）

居宅介護支援事業者事業所名担当者名	網浜総合病院居宅介護支援事業所		作成年月日	令和2年2月15日	利用者確認
保険者確認印			届出年月日		
区分支給限度基準額	16765単位/月		限度額適用期間	から　　　まで	前月までの短期入所利用日数　　　日

月間サービス計画及び実績の記録

10水	11木	12金	13土	14日	15月	16火	17水	18木	19金	20土	21日	22月	23火	24水	25木	26金	27土	28日	29月	30火	31水	合計回数
	1		1		1			1		1		1			1		1		1			13
	1		1		1			1		1		1			1		1		1			13
																						1
	1		1		1			1		1		1			1		1		1			13
																						1
																						1

> 「サービス利用票」の内容が詳しく記載される

◆ 漁平さんの「サービス利用票別表」の例 ◆

サービス

区分支給限度管理・利用者負担計算

事業所名	事業所番号	サービス内容／種類	サービスコード	単位数	割引適用後		回数	サービス単位数／金額
					率（%）	単位数		
通所リハビリプラージュ		通所リハⅢ261	163806	629			13	817
〃		通所リハ入浴加算	165301	50			13	65
〃		通所リハマネジメント加算	165609	530			1	53
〃		通所リハ中重度ケア体制加算	165614	20			13	26
〃		通所リハ合計						961
福祉用具はまかぜ		手すり貸与	171007	300				30
〃		歩行補助つえ貸与	171010	150				15
		福祉用具貸与合計						45
		区分支給限度基準額（単位）				16765	合計	1006

種類別支給限度管理

サービス種類	種類支給限度基準額（単位）	合計単位数	種類支給限度基準を超える単位数	サービス種類	種類支給限度基準額（単位）
				合計	

要介護認定期間中の短期入所利用日数

前月までの利用日数	当月の計画利用日数	累積利用日数

第4章 ● 介護にいくらかかるか確認しよう

利用票別表

被保険者番号：0000543210 利用者： 浜野漁平　様

種類支給限度基準を超える単位数	種類支給限度基準内単位数	区分支給限度基準を超える単位数	区分支給限度基準内単位数	単位数単価	費用総額（保険対象分）	給付率（％）	保険給付額	利用者負担（保険対象分）	利用者負担（全額負担分）
		0	9617	10	96170	90	86553	9617	0
		0	450	10	4500	90	4050	450	0
			10067					10067	

漁平さんは1割負担なので介護保険からの給付率は90％

漁平さんが負担する金額

合計単位数	種類支給限度基準を超える単位数

請求額の計算

保険請求分	公費請求額	社会福祉法人等による利用者負担の減免	利用者請求額

は、介護保険サービスごとの単価が記載されていて、実際に介護費用がいくらかかるかの計算書になっています。

　同じ介護保険サービスを利用していれば月々の費用は一定ですが、曜日ごとの利用なので、たとえば週2回通所サービスを利用すると、8回の月と9回の月で利用回数が変わるので、総額も変動します。

　また、要介護度ごとに決まっている介護保険で使える枠（これを区分支給限度基準額〈29ページ参照〉という）を超えてしまうと、超えた分は全額自己負担となるので、調整が必要です。まずは、保険が適用される範囲のうち、どのくらいの割合を利用しているかを、日頃から把握しておきましょう。

●ポイント

- 高齢になると、医療費に加え介護費用も毎月かかる
- 1か月の介護費用の総額を把握しよう
- 月ごとのサービス利用票は、内容を確認したうえで受け取ろう

サービス利用票やサービス利用票別表には、区分支給限度基準額の対象外のサービス提供体制加算Ⅰ1、介護職員処遇改善加算、特定処遇改善加算が記載されることがありますが、本書では省略しています

第4章 ●介護にいくらかかるか確認しよう

3 デイサービスは1日いくらかかる？

漁平　いま通っているリハビリは、1日いくらかかるんだ？

渚　お父さん、最近お金のことを随分気にしてるよね

漁平　当たり前だよ。せっかく金払ってるんだから、それに見合った結果がないとな。それに、いつまでも金かけて通い続けるのもどうかとも思う。よくなったら、やめてもいいんだろ？

渚　そうだけど、せっかく退院して通い始めたんだから、もっとよくなるまでやめちゃダメだよ

●要介護1の人で1日1,500円程度

　介護保険サービスで、車いすなどの福祉用具貸与に次いで多く利用されているのが、デイサービス（通所介護）です。似たようなサービスでデイケア（通所リハビリ）もあります。この項では、デイサービスとデイケアを合わせて「通所施設」といいます。

　通所施設は、日中、要介護高齢者を預かり、食事や入浴、レクリエーションなどのサービスを提供します。ほとんどの場合、自宅から施設まで車で送迎してくれます。本人にとっては閉じこもり防止や社会参加、同世代の人たちとの交流の場になり、家族にとっても預かってもらっている間は、安心して仕事や家事に専念できるというメリットがあります。

　通所施設など介護保険サービスにかかる費用は、国が定めています。通常は3年ごとに見直されるのですが、直近では消費増税にともない2019年（令和元年）10月に改訂されました。

　施設の規模や介護度、利用する時間によって単価が異なります。入浴や機能訓練など、各種加算の算定によっても微妙に総額が異なってきますが、要介護1で1割負担の人が、通常規模の通所施設を利用した場合、昼食代も含め総額で1日1,500円程度が目安になるでしょう。

●サービス利用票別表の見方

　ここで、漁平さんが利用している通所リハビリ施設（大規模施設）の実際の利用料をみていきましょう（112～113ページの「サービス利用票別表」参照）。

　通所リハビリの利用単位数が9,617単位。これに単位数単価の10をかけると費用総額が96,170円。漁平さんは1割負担のため、給付率90％の86,553円を引いた9,617円が1か月の通所リハビリの料金となります。

　現在、介護保険サービスの自己負担割合は1割から3割なので、2割の人は2倍の19,234円、3割の人は28,851円になります。

　福祉用具貸与も、同様に計算します。

　介護保険サービスの単価は法定で一律ですが、昼食代やおやつ代、日用品費などは通所施設ごとに設定しています。したがって、総額を安く抑えたいのであれば、昼食代などの全額自己負担分ができるだけ安い施設を選ぶことになります。ただし、金額はあくまで目安と考え、総合的にみて本人が居心地のいい施設を選びましょう。

　介護保険内の負担額と全額自己負担分を合わせた総額でいくらかかるかを基準にして、月々の支払額を計算するとよいでしょう。

ポイント

● 通所施設は、規模や介護度、利用時間によって料金が異なる
● 利用者は、保険対象分の総額の1割から3割を負担する
● 利用料は、保険対象分と全額自己負担分の合計となる

4 ヘルパーに1時間来てもらうと、いくらかかる？

渚　お父さん、うちはまだ必要ないけど、もしお母さんが倒れて、お父さんの面倒みられなくなったら、介護ヘルパーさんに来てもらわないといけなくなるの。だから、お母さんの健康のことも心配なのよ

漁平　母さんも、もう若くないから、いたわってあげないといけないよな

渚　潮見さんが言ってたけど、訪問介護も自立支援の内容が増えて、使いやすくなったんだって。単に家事援助だけじゃなくて、自立支援のためにもヘルパーさんが使えるそうよ

漁平　そうか。じゃ今度詳しく聞いてみるか？

●「生活援助」はいずれ廃止に

　訪問介護は、介護ヘルパーが自宅を訪問し、入浴介助や排せつ介助など本人の体に直接触れて行なう「**身体介護**」、それに、主に一人暮らしの高齢者を対象に、買物や調理、掃除、洗濯などを代行する「**生活援助**」、病院などに通院する際の「**通院等乗降介助**」の3つのサービスを提供します。

　身体介護は、同居家族の有無にかかわらず、ケアマネジャーが必要だと判断してケアプランに組み入れれば利用できます。具体的には、入浴、排泄、食事、起床や就寝の際の介護など多岐にわたります。料金は、時間ごとに単価が決まっていて、たとえば30分以上1時間未満の場合、総額は3,950円ですが、この1割から3割が利用者負担（1割負担で395円）となります。

　生活援助は、一人暮らしや同居家族に障害があり、家事ができない状況に限り、ケアプランに組み入れれば利用できます。具体的な内容は、調理、買物、掃除、洗濯などの代行です。料金は、20分以上45分未満で1,820円、1割負担の場合で182円となります（いずれも地域区分が標準地

〈31ページ参照〉の場合）。

2018年（平成30年）4月施行の介護報酬改定では、身体介護の単価が上がり、生活援助は単価が下げられました。生活援助は今後、訪問介護事業所の介護ヘルパーだけでなく、一定の研修を修了した市民も担えるようになりました。

なお生活援助は、いずれ介護保険サービスの訪問介護からは切り離される可能性が高いため、新たに利用を希望する際は、あらかじめ民間の家事代行サービスを利用したほうがよいでしょう。

●生活援助から身体介護に移行する

2018年の改正で、身体介護に位置づけられている「自立生活支援のための見守り的援助」の範囲が拡大されました。これは、利用者の自立を後押しする観点から、安全に配慮しつつ利用者に寄り添って「共に行う」支援を指すもので、介護保険制度が開始された頃から身体介護として扱われていました。しかし、内容があいまいだったため、より具体的な事例が示されました。

たとえば、掃除や居室の整理整頓などは、ヘルパーが利用者と一緒に手助けや声かけをし、安全確認の声かけや見守り、疲労の確認をしながら行なえば、身体介護となります。ヘルパーにすべて代行してもらうより、単価は上がりますが、これまでヘルパーに代行してもらっていた行為をヘルパーの見守りを受けながら続けることができ、「歳をとってもできる」という本人の自信につながります。

生活援助から一部を身体介護に変えることにより、利用者の金銭的負担は増えますが、重度化の防止や生活の質の向上などが期待されるので、ケアマネジャーや訪問介護のサービス提供責任者とともに内容を検討し、積極的に切り替えることをお勧めします。

第4章 ●介護にいくらかかるか確認しよう

| 事例 | ◆ 生活援助を自立支援型プランに切り替えた例 ◆ |

　一人暮らしで訪問介護の生活援助を長年利用してきた安井フネさん（仮名、83歳・女性、要介護1）は、生活援助から一部身体介護による自立支援型ケアプランに切り替えた一人です。

　具体的には、これまでは介護ヘルパーが買物をしてきた食料品や日常生活品を一人で冷蔵庫などに収納していました。これを、買物から帰ったあと、ヘルパーと一緒に一つひとつ食材の賞味期限などを確認しながら、冷蔵庫に収納するようになったのです。こうしたヘルパーと一緒に行なう行為は、「自立生活支援・重度化防止のための見守り的援助」として身体介護になります。

　フネさんの1か月のヘルパー代金は、下表のようにやや負担増となりましたが、以前はヘルパーに頼んでいた買物後の収納を、ヘルパーと一緒に行なうことで、「若い頃の感覚がよみがえった」とフネさんは話しています。

◆ 安井フネさんのサービス内容見直しによる費用の比較 ◆

	訪問介護の区分	単価(1時間)	費用合計
変更前	生活援助	224単位	224円
変更後	身体介護＋生活援助	315単位	315円
1回あたりの差額			91円
1か月あたりの差額（週2回×4週＝8回）			728円

●訪問介護事業所を選ぶ際の留意点

　介護保険サービスは、利用者・家族が、複数のサービス事業所から選んで決めることができます。しかし、ケアマネジャーから訪問介護事業所の一覧表を提示されても、どこがいい事業所なのかわかりません。選ぶ基準がないからです。どんなヘルパーが派遣されるか、実際に来てもらわないと相性もわかりませんし、利用料は国で決められているため、料金を比較することもできないのです。

そこで、多くの場合はケアマネジャーに一任することになりますが、たとえば毎日ヘルパーが入る必要があるのか、週1回でいいのかによっても、受入れが可能な訪問介護事業所が異なってきます。最終的にケアマネジャーに一任するとしても、利用者・家族の要望も伝えておきましょう。主な基準として、以下の内容を参考にしてください。

◆ 訪問介護事業所を選ぶためのチェックポイント ◆

□自宅から近いか
　➡緊急時に駆けつけてくれる際、自宅から近いほうが便利
□ヘルパーの登録人数は何人いるか
　➡あまり少ないと不安なので、10名以上の登録は必要
□サービス提供責任者の人柄はどうか
　➡日常的な連絡や相談窓口になるので、相性は大切
□いつも事業所にスタッフや事務職員がいて連絡がとれるか
　➡いつ電話しても留守番電話になる事業所は不安
□特定事業所加算を算定しているか
　➡事業所の質の高さの目安になるので、割高でも加算事業所を選ぶ

また、初めて訪問介護サービスを利用する際の留意点も押さえておきましょう。下表にまとめてあるのでご確認ください。

◆ 初めて訪問介護サービスを利用する際の留意点 ◆

・サービス内容や費用の詳しい説明を受ける
・料金の支払い方法について確認する
・家族が希望するサービス内容をしっかり伝える
・訪問介護でできない内容を理解する
　（利用者の日常生活の援助に該当しないことは頼めない）
・キャンセル料の取り決めを確認する
・サービス提供責任者の氏名を確認する
・担当ヘルパーの交代が可能か確認する
・緊急時の対応について確認しておく

◆ 訪問介護サービスの内容（本人の介護や日常生活での援助）◆

身体介護	起床や就寝の介助
	排泄介助（トイレやポータブルトイレへの移動やトイレ内での介助、おむつ交換など）
	着替えの介助
	入浴や清拭の介助（浴室への移動や衣服の着脱、体を洗ったり、拭いたりする）
	体位変換（ベッドやフトンの上で姿勢を変える）
	移動・移乗の介助（ベッド、車いす間の移動）
	食事の介助
	服薬の介助（水の準備や薬の手渡し、安全確認など）
	専門的調理（嚥下困難者のための流動食など）
	自立生活支援・重度化防止のための見守り的援助（ヘルパーと一緒に動作を行なったり、生活動作の見守りなど）
生活援助	掃除（本人の居室の掃除やゴミ出し）
	洗濯（本人分の洗濯、洗濯物干しや取り込み、収納など）
	調理（本人分の一般的な調理、配膳、食器洗い、調理後の後片づけなど）
	買物（本人分の食材や、嗜好品以外の日用品の買物）
	ベッドメイク（シーツや枕カバーの交換など）
通院等乗降介助	通院する際の福祉車両や介護タクシーの乗降介助

訪問介護でできないこと（日常生活の援助に該当しないこと）
庭の草むしり、花木の水やり、犬の散歩などペットの世話、本人が使わない部屋の掃除、家電・家具の移動、窓のガラス磨き、大掃除、自家用車の洗車、家族の分の買物や食事の準備、お節料理など特別な調理、預貯金の引き出し代行、利用者が留守中のサービスなど

ポイント

- 生活援助は、最初から民間福祉サービスで対応する
- 「自立生活支援のための見守り的援助」の範囲が拡大
- 訪問介護事業所は利用者・家族が選べる

5 訪問看護は割高って聞いたけど？

渚　訪問介護と訪問看護は、どうちがうんですか？

潮見　訪問介護は、介護職員初任者研修を終えた人（以下、ヘルパーという）が、利用者本人に関わる介護や家事代行など生活面でのケアを行ないますが、訪問看護は、その名のとおり看護師が訪問して、血圧測定や内服薬の管理、床ずれの処置など健康面でのケアを行ないます。たとえば入浴介護は、ヘルパーも訪問看護師も行ないますが、床ずれがあったり、血圧が高めなど医療的ケアの必要な人は訪問看護で看護師が介護する場合もあります

渚　うちの父も、訪問看護をお願いしたほうがいいのでしょうか？

潮見　いまのところ必要ないと思いますが、利用するようになったときには、「訪問看護指示書」といって、主治医の先生からの書面による看護内容の指示が必要になります

●自宅の一部が診療所に

　訪問看護は、主治医の指示に基づき、都道府県などの指定を受けた訪問看護ステーションや病院の看護師が利用者宅を訪問して、体調の管理や健康状態の確認、薬の管理、診療の補助などを行ないます。

　診療の補助とは、具体的には床ずれの処置や点滴の管理などで、がん末期の患者に対しては、痛みのコントロールや人工呼吸器の管理なども行ないます。自宅の一部が診療所になると考えればイメージがわくでしょう。**訪問介護のヘルパーには、これらの行為は認められていません。**

　また、異常を早期に発見し、医療機関につなぐ役割も負っています。発見が遅れ、症状が悪化して入院することを考えると、自宅に居ながらにして健康状態を管理してもらえるので、床ずれなどの処置が必要なくても、健康に不安を感じている人は、訪問看護を利用することをお勧めします。

　異常の早期発見、早期対応により症状の進行を防ぎ、入院期間が短くて済めば、結果的に医療費の削減につながります。

第4章 ● 介護にいくらかかるか確認しよう

　訪問看護は、介護保険サービスのなかで医療系サービスに位置づけられているので、訪問介護などの介護系サービスと異なり、利用にあたっては、主治医に訪問看護指示書を書いてもらう必要があります。「**訪問看護指示書**」とは、医師から看護師への具体的なサービス内容が記された書類のことで、看護師はこの指示書に書かれた内容どおりのサービスを実施します。薬局で薬を受け取る際に必要な処方箋のような存在です。

　以上で説明したように、訪問看護は、本人や家族、ケアマネジャーの希望だけでは手軽に利用することができないしくみになっています。医療系サービスには訪問看護のほか、訪問入浴介護、訪問リハビリテーションがあり、利用の際はいずれも主治医の指示書が必要となります。

　利用の際は、主治医やケアマネジャーに相談し、具体的にどんなことに困っているかを話し、訪問看護の内容を決めましょう。主治医への訪問看護指示書の依頼は、訪問看護事業所やケアマネジャーが代行してくれます。

　医療と介護は、高齢者には切り離せない存在です。医療は病院、介護は自宅や介護施設で受けるという分け方ではなく、日頃の生活の中に予防のための医療サービスを取り入れる、という考え方がよいと思います。看護師などの医療従事者の訪問を受けることで、日常的に健康管理をしてもらっているという安心感が高まります。また、家族としては、認知症の症状や排泄といった日常の困りごとなどを、看護師に相談し、アドバイスを受けることもできます。

（事例）◆ **訪問看護で安心な生活を手に入れる** ◆

　海野さきさん（仮名、78歳・女性、要介護2）は、関節リウマチや狭心症の持病を抱えながら、一人暮らしをしています。身のまわりのことは自分でできますが、健康への不安が常にありました。

　主治医に相談したところ、訪問看護の利用を勧められたので訪問看護指示書を書いてもらい、週1回、訪問看護師が家に来てくれるようになりました。

訪問看護師は、訪問すると、さきさんの血圧や脈拍、胸の音などを確認し、異常がないかどうか判断します。また1週間分の薬を仕分けて薬カレンダーにセットしてくれます。最近やや物忘れが出てきたさきさんにとって、薬カレンダーは飲み忘れを防ぐためにとても役立っています。

　さきさんは、「健康への不安が少なくなり、一人暮らしでも安心して生活ができます」と話しています。

　金額は、指定訪問看護ステーションから派遣を受ける場合、30分以上60分未満で819円、また、緊急時に電話連絡で相談ができる「緊急時加算」を付けると、月額574円のプラスになります。月額料金は月4回の場合で3,850円。いずれも、1割負担で地域加算のない場合です。

●ポイント

- ●訪問看護の利用で異常の早期発見、早期対応を図ろう
- ●訪問看護の利用には、主治医の「訪問看護指示書」が必要
- ●医療面で日常的に相談できる体制をつくろう

第4章 ●介護にいくらかかるか確認しよう

6 介護保険が適用される福祉用具は、レンタルしよう

漁平：渚、オレがいま使っているベッドも、介護保険で借りているのか？

渚：ちがうよ、お父さんは要介護1で、介護用ベッドは原則介護保険では借りられないのよ。潮見さんの話だと、要介護1の人も特別に申請すれば介護用ベッドを借りられるみたいだけど、お父さんは何かにつかまれば自分で寝返りや起き上がりができるから、普通のベッドにしたのよ。手すりだけ介護保険で借りているの

漁平：そうか、もし必要になったら、そのときに借りればいいな

渚：そうだね

●介護用ベッドの導入は慎重に

　介護用ベッドは、寝たきりの高齢者などを介護する際に、電動機能でベッドの高さ調節をしたり、背上げや足上げ機能がついた多機能型ベッドです。こうした電動機能を使って、本人の起き上がりや立ち上がり動作を助けます。また、介護者がオムツ交換やシーツ交換をする際の腰の負担軽減や腰痛予防にもつながります。介護者にとって、楽に介護ができるよう設計されていることから、介護用ベッドといわれています。

　このように自力動作が困難な場合など、介護が必要な人が使うことを想定しているので、原則的に要介護2以上の人が介護保険の適用となります。要介護1以下の軽度の人には基本的に必要ないという想定です。

　渚さんが言うように、漁平さんは入院中の一時外出の際に、病院の理学療法士に検証してもらった結果、普通のベッドでも手すりがあれば十分に起き上がり動作ができることが確認できました。このため、一般のベッドを自費で購入し、手すりだけ介護保険でレンタルすることになったのです。

布団で寝起きしていた高齢者が、介護保険の要介護認定を受けたのを機に、介護用ベッドをレンタルして、寝起きが楽になったという話もよく聞きます。しかし、実際には高さ調整や背上げ機能など、ほとんど使っていないケースもあるようです。

　「布団よりベッドのほうが楽」という場合でも、安易に介護用ベッドを導入するのではなく、ケアマネジャーや理学療法士、福祉用具専門相談員などに相談して、本人の身体機能を十分に確認したうえで、一般のベッドやレンタル品の手すりの活用も含めて、総合的に検討するようにしましょう。

　保険適用となれば、総額の1割から3割の利用者負担で借りることができますが、残りの7割から9割は税金と保険料で支払われるので、貴重な保険財政を無駄なく使うためにも、介護用ベッドの安易な導入は避けるべきといえます。また利用者の経済的負担も軽くなります。寝返りや起き上がりなどが本当に難しくなったときに、あらためて介護用ベッドの導入を検討しましょう。

　たまに、「介護用ベッドを40万円で購入したが、介護保険の対象にならないか？」と相談を受ける場合があります。しかし、**すでに自費で購入したものは、いかなる場合でも介護保険を適用できません**。購入する前に、ケアマネジャーなどに相談し、レンタルが可能かどうか判断しましょう。

●レンタル価格の比較が重要

　訪問介護やデイサービスなどは、法定価格が設定されていて、同じ介護度であれば利用料は一律です。一方、福祉用具のレンタル品の価格は、各事業者が自由に設定することができていたため、かなりばらつきがあり、同じメーカーの車いすでも、A社は400円で、B社は600円、なかには1,000円もする事業者があったりして、問題となっていました。

　そこで、2018年（平成30年）4月から、自由価格の制度は維持しつつも、事業者は、国が決めた平均貸与価格を利用者・家族に説明することが義務づけられました。これにより、福祉用具事業者が、平均価格帯で貸与しているかどうかを確認することができます。

また、介護保険でレンタル可能な商品は多様なので、福祉用具貸与事業者は、実物やカタログを提示しながら、機能や価格帯の異なる複数の商品を、利用者・家族に提示することも義務化されました。

したがって、レンタル契約する際は、その事業者が提示した価格が平均と比べて高いのか安いのかをまず確認する必要があります。また、レンタル事業者はケアマネジャーから紹介されることが多いため、もしレンタル価格が高ければ、別の事業者を紹介してもらって価格を比較することで、安い事業者を選ぶことも重要といえます。

●レンタルと購入を比較すると

利用者や家族からよく「レンタルと購入、どっちが得なのか？」と聞かれます。ここで、歩行器を3年間レンタルする場合と購入する場合を比較してみましょう。定価は、15,000円、1か月のレンタル料は350円とします。

◆ レンタルと購入の比較例 ◆

	レンタルの場合	購入の場合
1年	4,200円	15,000円
2年	8,400円	0円
3年	12,600円	0円
4年	16,800円	0円

この場合、4年使うとレンタル料の合計が定価の15,000円を超え、元が取れる計算になります。しかし、使う頻度にもよりますが、毎日同じ歩行器を4年使えば老朽化し、タイヤのすり減りなどで、歩行時に危険を伴う場合もあります。多くの場合、4年の間には新しい商品と交換する必要があり、レンタルであれば、手数料なしで新品と交換してもらえます。もし同じ機能で最新の機種があれば、それに交換してもらうこともできます。結論としては、介護保険の対象品目は、購入よりレンタルのほうが、メリットが大きいといえます。利用者本人の状態に合わせて交換できることが最大の利点です。

◆ レンタルと購入のメリット・デメリット ◆

	レンタルの場合	購入の場合
メリット	歩行状態の変化により機種変更が可能	自分の所有物として気兼ねなく使える
デメリット	いずれ返さなければならない	一次的に支払いが高額となる

ポイント

● 介護保険でレンタルできる福祉用具は品目が決められている

● 購入するよりレンタルしたほうが、メリットが多い

● 安易な導入により、親の自立が損なわれないよう気をつけよう

先に福祉用具を購入
してしまうと、介護
保険からの支払いは
できないそうですよ

第4章 ● 介護にいくらかかるか確認しよう

7 浴室用イスやトイレ用品などが、保険対象の購入品

漁平　風呂で使っている折り畳み式のイスも、介護保険で買ったのか？

渚　そうよ、退院するときに、リハビリの先生から勧められて買ったじゃない。便利に使ってるんでしょ？

漁平　そうだな、病気する前は風呂のイスなんて普通にしゃがめればいいと思ってたけど、いざこういう体になってみると、立ったり座ったりが大変だから、普通のイスくらいの高さがあると楽だな

渚　潮見さんが紹介してくれた福祉用具はまかぜさんから、定価の１割で買えたのよ。購入品は年間10万円まで枠があるっていうんだけど、ほかには必要なものはない？

漁平　別にないね。風呂のイスだけで十分だよ

●保険対象品は１割から３割負担で購入できる

　介護保険での福祉用具は、対象者の身体の状況、介護の必要度の変化等に応じて交換できること等の考え方からレンタルが原則です。

　しかし、入浴や排泄に関連する用具で、他人が使用したものを再利用することに心理的抵抗感が伴うものや、つり上げ式リフトのつり具のように、一度使うと元の形態や品質が変化して再度利用できないものは、購入

◆ 介護保険の対象となる福祉用具 ◆

入浴補助用具	入浴用イス、入浴台、浴槽内イスなど
腰掛便座	和式を洋式に変換するものや、便座の高さを補うもの、ポータブルトイレなど
特殊尿器	自動排泄処理装置の交換可能部品
簡易浴槽	空気式または折り畳み式等で、容易に移動できるものであって、工事を伴わないもの
移動用リフトの吊り具部分	身体に適合するもので、移動用リフトに連結可能なもの　※リフト本体はレンタル対象品

129

品として扱うことになっています。保険適用の用具（前ページ表参照）であれば、他の介護保険サービスと同じく、総額の1割から3割の自己負担で購入できます。

保険申請は購入後、申請書に対象品目が必要な理由を記入し、商品のカタログ、領収書などを添付します。申請手続きは、ケアマネジャーが代行してくれます。ここで気をつけたいのは、対象品目であっても、介護保険の指定業者から購入したもののみ有効となる点です。指定業者でないホームセンター等で購入したものは対象外となります。

保険対象額は、渚さんが言うように消費税込みで年間（4月1日から翌年3月31日まで）10万円までと決まっています。たとえば、今年度販売価格10万円のポータブルトイレを購入したとします。自己負担が1割の場合は1万円で、今年度は、すでに10万円の枠を使い切っているため、他の商品を介護保険で購入することができません。

年度が替われば、新たに発生する10万円の利用枠以内で特定の福祉用具を購入することができます。ただし、前年度に購入したのと同じ商品を新たに購入することはできませんが、長年使って滑り止めのゴムが劣化し危険を伴う場合などは、役所が認めれば再購入できる場合もあります。

●購入品は、安い業者を選ぶ

購入価格もレンタル価格と同様、事業所によってまちまちです。カタログの定価どおりに販売する事業所もあれば、値引きに応じてくれる事業所もあります。値引き率も、定価の1割とか2割と差があるので、ケアマネジャーに紹介してもらって、できるだけ安く販売してくれる業者を選びましょう。

購入品の大半は、入浴補助用具とポータブルトイレです。毎日の生活で使うことと、滑りやすい浴室での転倒事故を避けるためです。なかでも浴槽のまたぎ動作を安全に行なうための浴槽用グリップや、浴室用イスが購入品の上位を占めています。

一方、紙オムツなど介護保険の対象とならない品目は、できるだけ価格の安い店で購入しましょう。たとえば、介護保険の購入対象外の浴槽用マ

第4章 ●介護にいくらかかるか確認しよう

ットは必要なら自費で購入することになりますが、福祉用具専門業者のものは比較的高価です。同様の品が、ホームセンターなどで安価で購入できるので、新聞折り込みのチラシや店頭で価格を比較するとよいでしょう。

◆ 介護保険の対象外でよく使う介護用具（自費購入品）◆

| ①消耗品：紙オムツ、おしりふき |
| ②用具：尿器、血圧計、体温計、補聴器、老眼鏡、T字杖など |

●ポイント

- ●介護保険の対象となる購入品は、品目が決まっている
- ●年間10万円までなら、1割から3割負担で購入できる
- ●価格を比較して、安い事業者を選ぼう

8 一定額を超えた介護費用は、高額介護サービス費として還付される

渚
親の介護を受けている友だちから聞いたんですけど、医療保険での高額療養費制度みたいなのが介護保険にもあるそうですが、父の場合も該当するんでしょうか？

潮見
そうですね、介護保険では、高額介護サービス費という制度があります。所得に応じて上限額が決まっていて、1か月の介護費用の合計が一定額を超えた場合に、超えた分が申請によって戻ってきます。漁平さんの場合も、上限額を超えれば対象になりますよ

渚
対象になるかならないかは、どうすればわかるんですか？

潮見
対象になる場合は、役所から通知と申請書が届きます。もし通知が届いたら、ご連絡いただければ私のほうで手続きを代行しますね

● **介護費用の総額を知る**

介護生活が始まると、毎月、介護費用がかかるようになります。

介護費用には、介護保険サービスを利用した場合の1割から3割の自己負担分と、限度額を超えた場合の全額負担分、それに通所施設やショートステイを利用した際の食費や部屋代などの保険対象外の費用、さらに紙オムツ代など自費で購入する消耗品や交通費などがあります。これらを合計したものが、介護費用の総額です。

◆ **介護費用** ◆

区分支給限度基準額			
介護保険給付 （7割〜9割）	利用者負担 （1割〜3割） ※自治体により低所得者への還付制度あり ★高額介護サービス費制度の対象	限度額超過分 （全額自己負担） ※超した場合	保険対象外の費用 （通所施設での昼食代、※ショートステイの食費、部屋代など） ※ショートステイの食費、部屋代は低所得者への減額制度あり	その他の費用 ・紙オムツ代 ・交通費 など ※自治体や航空会社による補助制度あり

介護費用の総額（利用者が負担する費用）

第4章 ● 介護にいくらかかるか確認しよう

●高額介護サービス費制度とは？

　介護保険サービスの1割から3割の自己負担分を対象に、その月の介護費用が下表の基準を超えた場合に、超えた分が「**高額介護サービス費**」として還付されます。具体的な基準は下表をご参照ください。

◆ 高額介護サービス費の基準 ◆

対象者	負担の上限（月額）
現役並みの所得者に相当する人がいる世帯の人	44,400円（世帯）※
世帯の誰かが市区町村民税を課税されている人	44,400円（世帯） 同じ世帯のすべての65歳以上の人（サービスを利用していない人を含む）の利用者負担割合が1割の世帯に年間上限額（446,400円）を設定
世帯の全員が市区町村民税を課税されていない高齢者	24,600円（世帯）
前年の合計所得金額と公的年金収入額の合計が年間80万円以下の人等	24,600円（世帯） 15,000円（個人）※
生活保護を受給している人等	15,000円（個人）

※「世帯」とは、住民基本台帳上の世帯員で、介護保険サービスを利用した人全員の負担の合計の上限額を指し、「個人」とは、介護保険サービスを利用した本人の負担の上限額を指す

　たとえば、現役並みの所得がある人が月額45,000円の介護費用を負担したとすると、2019年（令和元年）10月現在の上限額は44,400円なので、45,000円－44,400円＝600円が、高額介護サービス費として還付されます。

　また、サービスを長期に利用している人への配慮として、2020年（令和2年）8月までの時限措置で、利用者負担割合が1割の人は、年間446,400円（37,200円×12か月）の自己負担額の上限が設けられ、年間を通しての負担額が増えないようにされています。

　高額介護サービス費の対象となる月があると、役所から通知と申請書が届くので、忘れずに申請してください。初回に申請手続きをし、振込口座等を登録すれば、その後は該当月があると役所のほうで自動的に処理して、指定口座に還付してくれます。

　ただし、通所施設の昼食代や日用品費、ショートステイの部屋代や食事

133

代などは対象外なので、気をつけてください。もし、これらの全額自己負担分が高額になる場合は、少しでもこれらの費用が安い介護施設に変更することをお勧めします。

●高額医療・高額介護合算療養費制度もある

高齢になると、多くの人が病院にかかり、同時に介護保険サービスを利用することになります。特に、糖尿病や高血圧症など慢性疾患を抱えていると、毎月定期的に医療費がかかり、医療費と介護サービス費の両方が経済的負担となります。

こうした医療と介護の費用負担を軽減するため、「**高額医療・高額介護合算療養費制度**」があります。1年間にかかった医療保険と介護保険の保険対象となる自己負担分の合計額が、一定の限度額を超えた場合、申請により超えた分が還付される制度です。この制度は、前述の高額介護サービス費を受けても、限度額を超えた場合は還付の対象となります。

たとえば、漁平さんのように、夫婦とも70歳以上の世帯で、市区町村民税課税世帯の場合、1年間（8月1日から翌7月31日まで）の限度額は56万円なので、もし入院や手術などで医療費がかさみ、介護費用と合わせて年間60万円かかったとすると、4万円（60万円－56万円＝4万円）が還付されます。

このように、公的な制度として、すでに支払った介護費用の一部を取り戻すことができる場合があるので、役所からの通知をよく確認して、必要な手続きをとりましょう。もしわからないことがあれば、役所の介護保険窓口や後期高齢者医療の窓口、地域包括支援センター、担当のケアマネジャーに相談してください。

ポイント

- ●一度払った介護サービス費が還付される制度がある
- ●医療費と合算し高額になった場合の負担軽減制度もある
- ●役所から通知が届いたら、忘れずに申請しよう

第4章 ●介護にいくらかかるか確認しよう

9 ショートステイの食費や部屋代は、所得や資産が一定以下なら軽減される

渚
うちの実家は住民税が課税されていますが、これから毎月介護費用がかかってくるので、何か軽減制度があれば教えてもらえませんか？

潮見
住民税が非課税の世帯であれば、低所得者対策として、たとえばショートステイを利用した場合の食費や部屋代が安くなる制度がありますが、浜野さんのお宅は住民税が課税されているので、この制度は対象外となります

渚
そうですか。では、介護費用そのものを見直さないといけないんですね

潮見
そうですね、介護保険財政も逼迫しているので、本当に必要なサービスは利用しつつも、できるだけ介護保険サービスに依存しないようにするのも、必要かもしれませんね

●特定入所者介護サービス費制度とは？

　住民税非課税世帯など低所得者が介護保険サービスを利用した際、全国一律の制度として、「**特定入所者介護サービス費制度**」があります。これは、対象となる高齢者がショートステイ施設や、特別養護老人ホームなどの介護保険施設を利用した際の食費や部屋代が安くなるというものです。

　食費や部屋代は原則的に全額自己負担ですが、申請によりその一部が軽減されます。以前は、住民税非課税世帯であれば、申請して「介護保険負担限度額認定証」の交付を受け、これをショートステイ施設や介護老人福祉施設に提示すれば、割引きが受けられました。

　しかし、現在は所得状況などの資産が関係してくることになり、たとえば単身世帯で預貯金などが1,000万円、夫婦で2,000万円以上あると、申請しても負担限度の認定が受けられなくなりました。また、夫婦のいずれかが特別養護老人ホームに入居し、世帯分離した場合であっても、一方の預貯金が1,000万円以上あると対象外となります。

　資産の対象となるのは、預貯金や現金のほか、株式や国債といった有価

証券などで、土地や建物などの不動産や生命保険などは含まれていません。

　具体的には、申請書に、現在保有しているすべての金融機関の預貯金通帳の残高がわかるページのコピーなどを添付します。役所の資産調査を受ける場合もあります。

　1,000万円を超える資産があっても、その後資産が減少し、1,000万円を下回ったら、その時点で申請すれば、負担限度額認定証を交付してもらえます。資産を取り崩して、預金額が1,000万円を下回ったら、忘れずに申請して負担軽減策を講じましょう。

　また、震災などで家屋に被害を受けた場合は、介護保険の自己負担額が減免される場合があるので、その際は役所の介護保険窓口に相談してください。

● ポイント

- ● 住民税非課税世帯には、低所得者への軽減制度がある
- ● ショートステイや特別養護老人ホーム等での食費・部屋代が減額になる
- ● 役所に確認し、対象となる場合は申請しよう

第4章 ● 介護にいくらかかるか確認しよう

10 介護保険サービスの費用は、決めた予算内でまかなうこと

渚、オレの介護費用は1か月いくらかかってるんだ？

だいたい2万円くらいかな

そうですね、休まずにデイケアに通うと、そのくらいですね

休んだら、その分安くなるのか？

ええ、要介護の認定を受けている人は、お休みすると、その分は請求されないことになっています。要支援の人は月極めなので、予定日を休んだとしても、一定の金額が請求されてしまいます

●介護費用の予算を決める

　初めて介護保険サービスを使う場合、総額で月々いくらかかるのか見当もつかないので、多くの人が不安になります。

　患者が医療機関を受診した際、会計窓口で支払うお金を窓口負担といいますが、医療保険では、通院の窓口負担の場合、検査料や初診料などがかさみ、初診の際は少し余裕を持って支払いに備えます。医療費は、法定価格ですが、言ってみれば医療機関の「言い値」ともいえます。

　介護保険サービスの費用も法定価格なので、値切ることはできなくても利用する量を減らすことは可能です。利用者側で介護費用を抑えることができるので、言い値に対し、「付け値」といえるかもしれません。

　たとえば、要介護1の人が週3回通所施設を利用し、通所施設を利用しない日は、食事の支度のために昼と夕方の1日2回、訪問介護を利用したとします（次ページ表参照）。日曜日は家族が対応することにしますが、休日割増しはありません。この場合は、訪問介護費が5,376円、通所介護費が7,776円、これに通所介護の昼食代の8,400円を足した21,552円が、1

137

	月曜	火曜	水曜	木曜	金曜	土曜	日曜
午前	通所介護	訪問介護	通所介護	訪問介護	通所介護	訪問介護	家族対応
昼							
午後							
夕方		訪問介護		訪問介護		訪問介護	

か月の介護費用の総額になります。

　まず、介護費用に月々どのくらい支出できるか、予算をしっかりケアマネジャーに伝えましょう。たとえば、「デイサービスの昼食代も含め、1か月2万円の予算でケアプランを作成してほしい」といった要望を伝えます。これを受け、ケアマネジャーは課題分析（47ページ参照）で得られた結果や本人・家族の要望を聞き、具体的なケアプランを作成します。

　内容も、「デイサービスには少なくても週2回は通いたい」「介護ヘルパーに週1回は買物をしてもらいたい」「室内での転倒が怖いので、危険な場所に手すりを置きたい」といった要望を伝えます。

●介護保険サービスは金額に合わせた調整が可能

　こうしてできた仮のケアプランの内容の説明を、ケアマネジャーから受けます。もし予算を超えてしまった場合は、通所施設の利用時間を短くするとか、昼食代が安い通所施設に切り替えたり、福祉用具も単価の安いものに代えるなどの調整を依頼します。

　また、訪問介護は早朝や夜間の利用は25％の割増料金になるため、できるだけ昼間の時間帯に訪問してもらうよう調整してもらいましょう。夜間割増しは18時以降なので、夕方の時間帯を希望するときは、17時50分からにしてもらいます。

　さらに、食事の支度をヘルパーに依頼する予定を、家族が出勤前に準備することにより、訪問介護費を削減することができます。無理のない範囲で家族が行なえば、それだけ介護費用を減らすことができます。しかし、すべて家族がやろうとすると負担になり、介護離職にもつながりかねないので、ケアマネジャーの助言を受けながら、慎重に役割分担することが重要です。

第4章 ● 介護にいくらかかるか確認しよう

　こうした作業は、旅行のプランづくりに似ているかもしれません。

　パック旅行は、あらかじめ行程や価格が設定されていますが、手配旅行は、参加者の要望を聞き、旅行プランナーが予算を考慮しながら、最適な旅行計画を作成・提案してくれます。もし予算を超えるようなら、観光名所を減らしたり、食事内容を変更したりといった調整をします。

　ケアプランも、これと同様に利用者本人が困っていることの解決策や要望、家族の介護負担の軽減を念頭に置き、費用に見合った効果が出るようにしましょう。

● 世帯分離という方法もある

　世帯分離とは、同居していながら、住民票上の世帯を分けることです。親を世帯分離すると、親が世帯主になります。もし親が住民税非課税者であれば、同居していても親は非課税世帯となり、低所得者が対象の各種減額制度が受けられる場合があります。

　世帯分離によるメリットを紹介しましたが、親が75歳未満の場合は、子ども世帯との合算により健康保険料が高くなる可能性もあるので、実際に

事例 ◆ **世帯分離で介護保険料が安くなった** ◆

　海藤はつさん（仮名、80歳・女性、要支援２）は、15年前から長男の康夫さん夫婦と同居していて、二世帯住宅の１階に住んでいます。自分のことはほぼ自立して生活しています。トイレや風呂、台所もすべて別で、玄関のみ共同です。

　同居してから住民票も同じでしたが、はつさんは国民年金暮らしで住民税は非課税で、康夫さんは常勤で働いていて課税対象のため、課税世帯として介護保険料なども計算されていました。

　康夫さんは、生活実態や生計もはつさんとは別にしていることから、保険料が少しでも安くなればと世帯分離の手続きをしました。これにより、はつさんは一人世帯ですが世帯全員が非課税となり、介護保険料が年間で約20,000円安くなりました。

手続きする際は、十分に検討する必要があります。

　世帯分離の申請は、役所の住民課窓口で、「住民異動届」を提出します。添付書類は、申請者の本人確認のための運転免許証と印鑑、それにマイナンバーカードなどです。窓口で、「親とは生計や生活を別にしているので、世帯を分離したい」と伝えれば、手続きをしてくれます。

◆ 世帯分離のメリット ◆

- ・後期高齢者医療保険料が下がる
- ・介護保険料が下がる
- ・高額医療費の上限額が下がる
- ・高額介護サービス費の上限額が下がる
- ・入院・介護施設入所の食費・居住費が下がる

●光熱費の見直しが必要になるときも

　デイサービスやショートステイなど外出をともなう介護保険サービスではなく、訪問介護や訪問看護など自宅に来てもらうケアプランを選択した場合、本人がずっと家にいるため、夏の冷房代や冬の暖房代が意外とかかります。ほぼ24時間エアコンや暖房機を使うわけですから、電気代やガス代だけで数万円になることもあります。特に冬場の寒冷地は、負担がかさみます。このような場合には、安い電力会社に切り替えるなど光熱費の見直しが必要になってきます。

ポイント

- ●介護費用の予算を決めよう
- ●費用対効果を意識して利用しよう
- ●介護費用削減のため、世帯分離を検討しよう

介護保険料を滞納するとどうなる？

　多くの高齢者は、介護保険料を「特別徴収」といって年金から天引きして支払います。ただし、年金額が18万円未満の場合は、「普通徴収」といって役所から送付される納付書で納めます。何らかの事情で介護保険料の支払いが滞った場合、役所から督促状が送られます。それでも支払いをしないでいると、ペナルティが課せられます。

　具体的には、保険料を1年以上滞納すると、通常の保険給付ができなくなり、介護サービス費の全額を事業者に支払わなければなりません。その後、滞納していた保険料と延滞金を支払ったうえで、申請によって保険給付分の1割から3割が払い戻されます。このほか、高額介護サービス費（132ページ参照）や、特定入所者介護サービス費（135ページ参照）の各制度も利用できなくなります。

　また、保険料の滞納が2年以上続くと、時効により保険料が支払えなくなります。これは時効で支払義務が消滅するのではなく、その後は自己負担割合が1割・2割の人は3割に、3割負担の人は4割になります。

　介護保険制度は、国民の税金と保険料で支えられているので、介護保険サービスを利用しているかどうかにかかわらず、必ず保険料は納めるようにしましょう。なお、震災や水害など自然災害によって、住宅や家財などに著しい損害を受けた場合は、申請によって保険料が減免される場合があるので、詳しくは市区町村の窓口でお尋ねください。

1分でわかる第4章のまとめ

・介護保険料は終身払い続け、介護保険サービスの利用が開始されると、保険料の支払いと介護サービス費の二重の負担となるため、無駄を排し、できるだけ介護サービス費の負担を減らす。

・介護サービス費を削減する一歩として、ケアマネジャーから「サービス利用票・別表」の内容の説明を受け、加算などは費用対効果を検証する。

・通所施設は、昼食代が全額実費のため、介護費用を削減する際は、できるだけ昼食代など全額負担分が安い施設を選ぶ。

・訪問介護の生活援助（家事代行）はいずれ廃止するのが国の方針のため、新たに利用を希望する際は、初めから民間の家事代行サービスを依頼する。

・訪問看護を利用することで、日頃から健康管理ができるため、病気の早期発見につながり、入院による治療を回避することで入院期間の短縮など入院費の削減にもつながる。

・高額介護サービス費制度や低所得者対策の各種減額制度を活用し、いったん払った介護サービス費の還付を受ける。

・住民税非課税世帯などを対象に、ショートステイ利用時の部屋代や食費の減額制度があり、活用することで介護費用の削減が図れる。

・世帯分離により親の医療保険料や介護保険料が安くなる場合がある。

第5章

介護生活をもっと充実させる方法

第5章では、リハビリに励む漁平さんの姿を通して、これから充実した介護生活を送るためのポイントをお伝えします。現状に満足しない漁平さんは、果たして介護保険サービスを卒業できるのでしょうか。

1 リハビリに取り組んで次のステップへ

漁平: オレも、そろそろデイケア卒業だな

浪江: 何言ってんのよ、お父さん。まだ当分は通う必要があるんじゃないの？

漁平さんの軽口に対して、妻の浪江さんは、たしなめるように返しました。

漁平: 週3回デイケアに通って、もう半年だ。前は立ち上がるのも大変だったけど、いまは柵につかまれば立てるようになった。リハビリの人が一生懸命やってくれたおかげだと感謝しているよ

浪江: そうだけど、左の手足にマヒが残ったままじゃ、毎日の生活も不自由だと思って…

●介護保険法に国民の努力義務が明記

　積極的にリハビリを実施すれば、誰でも状態がよくなるとは限りません。回復には、発症した病気の程度や本人の意欲、家族の支援なども大きな要因となります。一次的な病気やケガと異なり、脳梗塞などの後遺症は、多くの場合、一生付き合っていかなければならないといえます。

　介護保険サービスの根拠となっている「介護保険法」の第4条は、「国民の努力及び義務」として、「国民は、自ら要介護状態となることを予防するため、加齢に伴って生ずる心身の変化を自覚して常に健康の保持増進に努めるとともに、要介護状態となった場合においても、進んでリハビリテーションその他の適切な保健医療サービス及び福祉サービスを利用することにより、その有する能力の維持向上に努めるものとする」と定めています。

　つまり、「日頃から健康を維持して、できるだけ介護が必要な状態にならないように心がけましょう。もし介護が必要な状態になったとしても、進んでリハビリを受けるなどして、残された能力を向上させるよう努めて

ください」という趣旨です。

●リハビリは一生続けるもの？

漁平さんは、元来の負けず嫌いの性格が功を奏して半年間、リハビリに励みました。その結果、「デイケア卒業」の言葉が浮かんだのでしょう。

医療保険では、「入院したら3か月で退院させられる」「退院したら今度は介護保険でリハビリを」などと、一定の期間を過ぎると医療リハビリが打ち切られるしくみになっています。

こうした医療リハビリの受け皿の役割を担う介護リハビリは、要介護認定を受けていれば、原則的に期限なしで続けることができます。

しかし、半身マヒなどのように慢性的な障害が残った場合、リハビリは悪化の防止にはつながりますが、一生リハビリを続けることになります。よく「リハビリのためのリハビリ」などと言いますが、リハビリ自体が目的となってしまい、その結果、本人がどうしたいのかが不明確なまま、漫然とリハビリだけを続けていくことにもなりかねません。

●次のステップを踏み出すために

リハビリにも一定のゴールを設定することが大切です。たとえば、週3回デイケアに通うケアプランから、デイケアは週2回にして、リハビリの成果を生かして週1回は自力で外出するというのも一案でしょう。

外出先も、最初は自宅近くの公園までの往復から始め、徐々に距離を伸ばして、最終的な目標をスーパーでの買物や図書館にするなど、理学療法士や作業療法士などの意見を踏まえながら、目標設定をします。

また、最近はデイサービスでもリハビリに力を入れているところが増えてきて、短時間でリハビリに特化したデイサービスが都市部で人気です。午前または午後の3時間から4時間程度通い、休憩をはさみながら、本人の状態にあったリハビリプログラムをこなしていくものです。1日型のデイケアでは時間を持て余すという人には、こうしたリハビリ特化型の短時間デイサービスが向いているかもしれません。

ケアマネジャーやリハビリ専門職とよく相談しながら、親の意向と現在

の状態を把握したうえで、最適なサービスの組み合わせを考えましょう。

◆ 介護保険でリハビリができるサービス ◆

	介護保険サービス名	リハビリ担当者	特徴	医師の指示書の要否
施設に通ってリハビリを受ける場合	通所リハビリテーション	理学療法士、作業療法士等	リハビリ専門職から指導が受けられる	必要
	通所介護	看護師等	生活に密着したリハビリができる	不要
	地域密着型通所介護	機能訓練指導員	短時間で運動や体操などが受けられる	不要
施設に泊まってリハビリを受ける場合	短期入所療養介護	理学療法士、作業療法士	リハビリ専門職から指導が受けられる	必要
自宅に来てもらってリハビリを受ける場合	訪問リハビリテーション	理学療法士、作業療法士等	自宅内での生活動作を指導してもらえる	必要
	訪問看護	理学療法士、作業療法士等	〃	必要

● ポイント

- 親の健康状態を日頃から把握しておこう
- 介護が必要になっても、能力の向上に努めるよう働きかけよう
- 親の状態を把握したうえで、最適なサービスの利用を検討しよう

第5章 ●介護生活をもっと充実させる方法

2 離れて暮らす家族も親の介護に参加する

漁平: 久しぶりだな、洋介

洋介: 父さん、元気そうだね。安心したよ

漁平: まあ、何とかやってるよ。もう少しこの手足が楽に動くといいんだけど、まるで他人の手足みたいだ

洋介: 気持ちはわかるけど、ここまでよくなったんだから、ラッキーだと思わなくちゃ。父さんのことは気になるけど、月に1回くらいしか来られないから、母さんや渚に頼りきりで申し訳ないと思っているよ

漁平: 仕方ないさ、洋介は会社勤めで自由がきかないからな

洋介: 母さんも、何かあったらすぐLINEで連絡してくれよ

浪江: わかったよ

●介護負担を分散させる

　介護保険サービスを利用するようになると、ケアマネジャーを中心にケアチームがつくられます。ケアチームとは、介護関係者が連携を図りながら、要介護者が少しでも快適に在宅生活を過ごせるよう、専門職としての知恵を結集するネットワークのことです。また、新たな課題が発生した場合は、ケアマネジャーが介護保険サービスの責任者を招集して、本人や家族を交えてケア会議を開催します。そこで出された意見を集約し、課題解決に向けてケアチームとしての支援が再開されます。

　同居している家族はもちろん、離れて暮らす家族も、こうしたチームワークの輪に加わることが重要です。漁平さんの場合は、同居している妻の浪江さんに介護の負担が集中します。これを、娘の渚さんや息子の洋介さ

んがカバーすることで、分散させるようにします。

　具体的には、ケア会議には、離れて暮らす家族もできるだけ出席するようにします。親のために、さまざまな専門職が関わっていることがわかりますし、そうした人々へ日頃の感謝の気持ちを伝えるためにも、重要な場となります。ケア会議は平日の昼間に開催されることが多いのですが、平日の出席が難しいようでしたら、土曜の開催が可能かどうか、ケアマネジャーに相談してみましょう。

●**親の状態を知ったうえで会議に臨む**

　ただし、せっかく時間を調整してケア会議に出席しても、親の日頃の生活状況やリハビリの進み具合、それに何が課題となっているかを把握していなかったら、会議が無駄になることも考えられます。

　ビジネスマンは、会社で会議を開催する際、議題や到達したい結論をあらかじめ想定し、必要な資料を準備します。ケア会議でも、家族の意向や要望などを聞かれるので、万全の準備をしてから臨むほうが、成果が出やすいです。

　そのためには、親の日常生活や問題となっていること、今後の見通しについて、ある程度認識しておくとよいでしょう。離れて暮らす家族としては、毎日の様子はなかなか把握しづらいですが、たまに訪問した際に、少し意識すれば意外と変化に気づきやすいものです。

　次ページに、「実家に帰ったときに親を観察するためチェックリスト」をまとめたので、参考にしてください。

　また、親と離れて暮らす場合、時間も交通費もかかるため月1回程度しか帰省できないこともあります。このような場合は、介護費用を一定額負担することで、直接介護に関われなくても、身近で介護している親族に誠意を示すとともに、介護問題で家族が無用な衝突をすることを防ぐこともできます。

●**介護保険サービスの受給者は全国で565万人**

　親の介護生活が始まると、当然ながら自分の親のことで頭がいっぱいに

第5章 ● 介護生活をもっと充実させる方法

◆ **実家に帰ったときに親を観察するためのチェックリスト** ◆

〈認知面〉
　　□親との日常会話で、つじつまが合うか
　　□少し前の話題をふっても、会話が成立するか
　　□冷蔵庫の中を確認し、賞味期限切れの食材がたまっていないか
　　□いままでと比べ、室内に物が散乱していないか
　　□衣服は寒暖に合わせ適切に着ているか
　　□押し入れに、汚れた洗濯物を隠していないか

〈健康面〉
　　□医療機関には定期的に通院しているか
　　□内服薬は処方どおり服用しているか
　　□最近、転倒したことがないか
　　□室内でつまづきやすい場所はないか
　　□外出の機会は減っていないか

なります。もしかしたら親の介護で辛い思いをしているのは自分だけではないかと、絶望感に支配されることもあります。

　しかし、世の中には同じような状況で親の介護をしている人が多いと知ることで、「介護で悩んでいるのは自分だけではない」という救いになります。親の介護問題は、子育てや教育問題と同じように、一定の年齢になれば避けてはとおれない世代共通の課題と受け止めましょう。

　厚生労働省が毎月発表している「介護保険事業状況報告の概要」（令和元年8月暫定版）によれば、要介護（要支援）認定を受けている人は全国で665万7,000人にのぼります。このうち自宅で介護保険サービスを受けている人は470万1,000人、施設サービスを受けている人は94万7,000人です。この数字は毎月上昇しています。

　全国で、これだけの人が介護保険サービスを受けているのですから、たとえば、会社や趣味のサークル、女子会などで親の介護の話題を持ち出し

149

たら、必ず乗ってくる人がいます。自分の親や配偶者の親、あるいは祖父母が以前介護を受けていたなどの発言が飛び交い、会話が広がります。

実は、こうした口コミや体験談などが、意外と参考になります。第三者の意見は、客観性があるからです。また、他人の介護体験を聞くことで、自分だけが悩んでいるのではない、といった安心感や連帯感が生まれます。

また、親が通っている通所施設を見学することでも安心が得られます。他の利用者の様子などもわかり、施設で親がどんなリハビリやサービスを受けているのかを知ることができます。他のサービス利用者の存在を知ることで、自分の親を客観的にみることができます。子育て中の授業参観で、クラスでの我が子の存在を知ることで安心感を得るのと似ています。

もし、通所施設で「家族会」や「納涼祭」「敬老会」などの行事があったら、積極的に参加するようにしましょう。他の家族と交流でき、また日頃お世話になっている介護スタッフから自分の親のことを直接聞く機会にもなります。

離れて暮らす家族は、こうした周辺情報を集めてケア会議に臨むことで、できるだけ客観的な視点を持つようにしましょう。

● ポイント

- ●介護事業者が集まる会議には必ず出席しよう
- ●介護経験者などから口コミ情報を集めよう
- ●実家に帰ったときは、親の様子を観察しよう

3 主治医や病院との上手な付き合い方

先生、何でもっと手足が楽に動かないんですかね？　こんな状態じゃ、はがゆくて仕方ないですよ

漁平さん、そう焦らないで。気持ちはわかりますが、前に比べたら随分よくなっていますよ。しかし、マヒがすっかり治ることはないので、うまく付き合っていくしかないですね。障害のことだけに気を向けるのではなく、残された機能を生かすようにしていきましょう

わかってはいるけど、どうしても口に出てしまうんですよ

先生、父が要介護認定の更新を迎えるので、役所から書類が届いたら、主治医意見書の記入をお願いします

わかりました

父はせっかちだから、早くよくなりたくて焦っているんです

ご家族もたいへんでしょうが、あたたかく見守ってあげてください

●主治医に生活状況を詳しく伝える

　多くの人が、退院したあとも通院や薬の処方などで医療サービスも同時に使うことになります。高齢期になると、高血圧症や糖尿病、関節症など慢性疾患を抱えることが多く、医療とは切っても切れない関係になります。

　そこで課題となるのが、主治医との付き合い方です。

　高齢者の多くは、何らかの医療機関に定期的にかかっています。なかには、内科、整形外科、眼科など複数の医療機関にかかっている人も少なくありません。症状に合わせて、それぞれの専門医と付き合うことになります。

　介護保険を新たに申請したり、更新申請する場合は、医師に「主治医意

見書」を記載してもらう必要があります。主治医意見書には、医療情報の他、患者の生活状況や今後の見通し、医学的観点からの留意点などが記載されます。認知症の症状がある場合には、具体的な症状等も記載します。

　主治医が患者の生活状況を詳しく知らないと、この意見書も正確に記入できず、結果として正確な要介護認定を受けられないことになります。まずは家族もできるだけ通院に同行し、家族の立場からも主治医に親の生活状況を正しく伝えて、精度の高い意見書を作成してもらいましょう。

　ここで重要なのは、介護保険サービスのうち、訪問看護や訪問リハビリ、通所リハビリなど医療系サービスを利用したい場合は、主治医にそのことを伝え、主治医意見書にあらかじめ必要性を記載してもらうことです。こうすれば、要介護認定が出たあとのサービス利用がスムーズになります。

　ここに主治医の意見がないと、ケアマネジャーがあとから主治医に確認する必要が出てくるので、医療系サービスを希望する場合は、初めから利用したい具体的なサービス内容を記載してもらいましょう。

●入院後は早期の退院を目指す

　入院による医療費の増加を少しでも減らすために、最近は、在宅医療や在宅介護が国の方針として強く推進されています。国民全体の医療費のうち、およそ半分が入院医療費で占められているからです。年齢階層別にみても、65歳以上の人の医療費が全体のおよそ6割を占めています。

　入院すると、家族は病院の担当看護師から頻繁に連絡を受けるようになります。医師から病状の説明があるとか、自宅での生活はどうしていたか、退院の時期や退院後の生活など内容はさまざまですが、実は医療機関側にも早期に退院してもらうと得する事情があるのです。

　退院後の療養生活についての留意点を、医師や看護師などが本人や家族に説明したり、退院前に会議を開いてケアマネジャーに退院後の介護保険サービスについて説明や指導を行なった場合、診療報酬を加算できることになっています。入院費の診療明細書に「退院支援加算」などとあれば、病院側の説明やカンファレンスなどが診療報酬に算定されたことになるわ

けです。

　このように、最近は入院した時点で、退院のことを考える時代になりました。可能な限り入院日数を減らし、在宅で医療や介護のサービスを受けながら療養生活が送れるようなしくみがつくられています。

　入院は、家族にとっても、時間や手間、経済的な負担となります。高齢の親の場合、病気はよくなっても、足腰がすっかり弱くなって退院する場合も少なくありません。退院には医師の許可が必要ですが、治療が終わったら速やかに退院することが、親や家族の負担を減らすことになります。

　病院やケアマネジャーから連絡を受けた場合は、早期に退院できるチャンスと思って、日程を調整したうえで、できるだけ応じるようにしていただければと思います。

◆ **入院の長期化によるリスク（個人差がある）** ◆

〈親のリスク〉
・歩行状態が低下する
・認知機能が低下する
・生活感が喪失し、意欲が低下する
・依存心が強くなる
・身体拘束を受ける場合がある
〈家族のリスク〉
・病院から病状の説明などで呼び出されることがある
・面会のために仕事や家事に影響が出る
・入院保証金や入院費用など経済的な負担が増える

ポイント

● 主治医には、生活状況も詳しく伝えよう
● 入院期間は、できるだけ短くしよう
● 病院からの呼び出しには、できるだけ応じよう

4 訪問診療、訪問歯科診療をかしこく使おう

渚: いまは大丈夫ですが、もし、父や母が通院できなくなったら、往診をお願いできるんですか？

潮見: そうですね。お医者さんが少ない農村部では、以前から往診やモニター越しの診療が行なわれてきましたが、最近は都市部でも訪問診療が増えてきたので、もしお父様が通院できなくなった場合は、主治医を磯崎先生から訪問診療の先生に変更することになります

渚: そのときは、どんな手続きが必要になるのでしょう？

潮見: 磯崎先生から往診の先生への紹介状（診療情報提供書）があれば、すぐにでも変更することができます

渚: それを聞いて安心しました

●通院が困難な場合は訪問診療を

　ここまで、外来受診や入院時の対応について説明しましたが、寝たきり状態やガン末期、あるいは体力の低下などで医療機関の受診が難しい場合は、訪問診療を利用する方法もあります。**訪問診療**とは、定期的かつ計画的に医師が患者宅を訪問して行なう診療のことです。よく混同されるのが往診です。

　往診は患者の急変時に医師が臨時に訪問して、診療することです。これに対し、訪問診療は患者の状態にかかわらず、月2回程度、定期的に訪問して診療します。もちろん、状態が悪化した場合は緊急に訪問してくれます。往診も含めて、医師が定期的に訪問して診療する制度とご理解ください。

　訪問診療の報酬は、通院よりも高く設定されていて、後期高齢者医療保険の1割負担の人で月額7,000円程度です。内服薬や外用薬の処方箋も出してくれますし、医師と連携している薬局に頼めば、薬剤師が薬の配達も

してくれます。通院できない患者は、寝たきり状態などで床ずれになりやすいため、皮膚疾患なども診療してくれます。

　ただし、訪問診療はどこの医療機関でも行なっているわけではなく、在宅療養支援診療所として認可された医療機関に限られる点にはご注意ください。在宅療養支援診療所は、在宅医療を推進する目的で、2006年（平成18年）の医療保険制度改正で制度化されました。どの段階で訪問診療に切り替えるかは、本人の体調や病状を主治医と相談しながら決めるとよいでしょう。具体的には、親が車いすごと乗れる介護タクシーでないと通院できなくなるなど、利用者本人や介護者が通院を負担と感じたときなどです。

事例 ◆ 通院を訪問診療に切り替えて介護費用を削減 ◆

　小島ナツさん（仮名、87歳・女性、要介護3）は、関節リウマチと加齢による歩行障害のため、外出時は車いすを使っています。月1回の通院時は、介護タクシーに家族が同乗し、自宅から送迎してもらっていましたが、介護タクシーには介護保険が適用されないため、タクシー代や介助料、車いす使用料などで往復約12,000円かかっていました。

　少なくはない負担なので、ナツさんの家族は、ケアマネジャーの勧めで訪問診療に切り替えました。これで、通院時の付き添いと介護タクシーの経済的負担がなくなり、医療費のみとなりました。

　ナツさんの1か月の通院と訪問診療の費用を比較すると下表のようになります。それぞれにメリット、デメリットがあるので、ケアマネジャーや訪問看護師とよく相談してから決めましょう。

	医療費（薬代含む）※	交通費	費用合計
通院の場合	2,100円	12,000円	14,100円
訪問診療の場合	8,500円	0円	8,500円
差額			5,600円

※後期高齢者医療保険で1割負担の場合

◆ 訪問診療のメリット・デメリット ◆

メリット	・自宅に居ながら診療を受けられる ・病院への移動や待ち時間の苦痛から解放される ・付き添う家族の負担がなくなる ・病院の紹介など緊急時の対応もしてくれる
デメリット	・CTやMRIなどの画像検査は自宅では受けられない（レントゲン撮影はできる場合がある） ・脳梗塞や狭心症の発作など緊急の対応はできない ・通院に比べると、医療費がやや高額になる

●歯科にも訪問診療がある

　歯科受診が難しくなった場合は、訪問歯科診療の制度があります。歯科医師が自宅を訪問し、携帯用の医療器材で虫歯や歯周病の治療、入れ歯の作成や調整、レントゲン撮影など、自宅に居ながら通常の歯科外来とほぼ同じ治療を受けることができます。疾病予防のためにも歯周病治療が重要です。

　厚生労働省科学研究班が65歳以上の健常者4,425人を4年間追跡調査した結果によると、自分の歯が20本以上残っている人と比べると、歯がほとんどなく入れ歯も使っていない人は、1.9倍認知症になりやすいそうです。また、何でも噛める人と、あまり噛めない人は、噛めない人が1.5倍、かかりつけ歯科医院がある人とない人を比べると、ない人が1.4倍、それぞれ認知症になりやすいとのことです。

　歯を失う原因となる歯周病などの炎症が、直接脳の機能に影響を及ぼすことや、噛めなくなることで咀嚼機能が低下し、脳の認知機能の低下を招く可能性が指摘されています。このことからも、歯科治療は早い段階で訪問歯科診療に切り替えることをお勧めします。

　訪問歯科診療は、虫歯や歯周病の治療、入れ歯の作成・調整など基本的な診療であれば、後期高齢者医療保険の範囲内で受けられます。

●訪問歯科診療に切り替えるタイミング

　足腰が弱くなり、通院にタクシーや付き添いが必要になった、また、歯

科受診が億劫だと親が言うようになったら、訪問歯科診療を積極的に勧めてください。実家に帰った際は、「入れ歯の手入れを怠っていないか」「顔を少し近づけて会話した際、口臭が気にならないか」「固いものが噛めなくなったと言っていないか」などと確認するとよいでしょう。

　もし親が「歳だから」とあきらめているとしたら、口腔内を清潔にしておくことは全身の健康維持に役立つと伝え、いますぐ治療を促しましょう。

　居住地域で訪問歯科診療を行なっている歯科医院は、ケアマネジャーや地域包括支援センター、地元の歯科医師会にお尋ねください。

◆ 訪問歯科診療のメリット・デメリット ◆

メリット	・自宅で入れ歯の作成・噛み合わせ調整などの診療が受けられる ・歯科医院への通院から解放される ・口腔ケアも受けられる
デメリット	・歯科医師の訪問計画で治療日が決まってしまう ・通院に比べると、医療費がやや高額になる

● ポイント

● 通院が困難になったら、訪問診療を検討しよう

● 訪問診療のメリット・デメリットをよく確認しよう

● 早めに訪問歯科診療に切り替えよう

5 転ばぬ先の杖、定期点検で転倒事故を防止する

渚：お父さん、今度、家のなかの点検を福祉用具の専門の人にお願いしたから立ち会ってね

漁平：家のなかの点検って何をするんだ？

渚：退院前に手すりを付けたけど、潮見さんの勧めで、定期的に点検したほうがいいんだって

漁平：オレは、退院してから家では一度も転んでないから必要ないと思うけど。普段から気をつけているし…

潮見：漁平さん、『転ばぬ先の杖』ってよく言いますよね。お年寄りの3人に1人は、1年間に1回以上転倒しているそうです。これからも転んでケガをしないように、危険な箇所がないかを定期的に検証することが大切なんです

●「骨折・転倒」が要介護状態のきっかけに

　厚生労働省の「国民生活基礎調査」(平成28年)によると、65歳以上の高齢者の介護が必要になった主な原因を上位から並べると、第1位が「認知症」(18.0％)、次いで「脳血管疾患(脳卒中)」(16.6％)、「高齢による衰弱」(13.3％)と続き、第4位が「骨折・転倒」(12.1％)となります。

　第1位の認知症でも、室内外で動き回れば転倒する機会も増えます。また、認知症の症状により危険を察知する能力が低下し転倒することも考えられます。

　第2位の「脳血管疾患(脳卒中)」で、たとえば半身マヒの後遺症が残ると、歩行が不安定になりますし、第3位の「高齢による衰弱」でも、足腰の筋力が低下すれば、必然的に転倒しやすくなります。

　このように、介護が必要な状態になる上位の原因には、いずれも転倒によるケガや骨折が関連していることがわかります。

第5章 ● 介護生活をもっと充実させる方法

●介護度が軽い人ほど転倒しやすい！

　先の調査で要介護度別にみると、「要支援者」は、「骨折・転倒」が15.2％と第3位で、介護度の軽い人ほど、骨折や転倒で要介護状態になりやすいことがわかります。これは、介護度の軽い人のほうが活発に動いたり、移動する機会が多いためで、転倒によるケガや骨折の危険性が高まることを示しています。

　内閣府の「平成28年版高齢社会白書」によると、高齢者の家庭内事故の発生場所は、「居室」が45.0％と最も多く、「階段」が18.7％、「台所・食堂」が17.0％と続いています。つまり、わずかな段差などで転倒しやすいのです。

　大切なことは、まずは安全に移動できる環境を整えることです。このため、6か月に1回程度は、理学療法士や福祉用具専門相談員に本人の歩行や移動動作を確認してもらい、助言を受けることをお勧めします。

　また、高齢者は加齢にともない足腰の筋力が低下します。自分では足を上げて歩いているつもりでも、気がつかないうちにすり足状態になり、段差につまずいて転倒しやすいので、各地で開催される「転倒予防教室」などに積極的に参加し、日頃から足の筋力維持に努めましょう。

●転倒事故の原因を探る

　もし転倒事故が起こってしまったら、現場検証や症状の検証を行ない、再発防止策を講じます。転倒の原因はさまざまです。では、事例ごとに転倒の原因と対策をみていきましょう。

(事例1) ◆ 室内の段差による転倒 ◆

　大島ウミさん（仮名、84歳・女性、要介護1）は、居室と廊下の間の約3cmの段差につまずいて転倒し、左膝を打撲しました、幸い骨折はしなかったものの、全治2週間と診断されました。

　そこで、ケアマネジャーに相談し、転倒予防策として、居室と廊下の段差に福祉用具貸与品のミニスロープを設置しました。工事をとも

159

なわない福祉用具の貸与であれば、ケアプランに組み入れることによってすぐに設置することができます。

　また、痛みが軽減したら、現在利用している通所施設のリハビリで、足の筋力を一層強化する運動をすすめることになりました。

　このように、転倒の原因を特定し、ミニスロープの設置や筋力強化運動など具体的な改善策を講じるようにします。

事例2 ◆ 視力低下による階段滑落 ◆

　川口サキさん（仮名、76歳・女性、要介護2）は、緑内障の進行により視力が低下してはいても、室内は長年の感覚を頼りにつかまり歩行をしています。先日、階段から降りる際に足を滑らせて転落し、右大腿骨頸部骨折と診断され、全治2か月の入院を余儀なくされました。

　サキさんの家では、階段の壁に手すりは設置されていたものの、階段そのものが滑りやすくなっていたことがわかったので、すべての階段に滑り止めのシートを貼ることになりました。この滑り止めシートは、ホームセンターなどで購入できますが、介護保険の住宅改修給付の対象になっているので、ケアマネジャーを通して役所に事前申請したうえで承認を受ければ、専門業者に工事を依頼することもできます。

事例3 ◆ 薬の副作用による転倒 ◆

　入江泰三さん（仮名、80歳・男性、要介護1）は、夜間の不眠に悩んでいました。主治医から処方された睡眠薬を服用するようになり、夜間はよく眠れるようになりましたが、朝の目覚めが悪く、明け方トイレに行く途中の廊下で転倒し、腰を打撲してしまいました。ケアマネジャーには、睡眠薬の効果が朝まで残り、目が覚めたあともふらつく副作用の症状がみられたという報告がありました。

　そこで、家族は主治医に相談し、睡眠薬の種類を変更してもらった

第5章●介護生活をもっと充実させる方法

結果、入江さんは朝、すっきり起きられるようになりました。

入江さんの転倒原因は睡眠薬の副作用であることが判明しましたが、これも利用者の訴えを聞いた家族が薬を処方した主治医にいち早く相談したことで、改善策につながったのです。

●「報告→検証→改善策」のサイクルが大切

ここで取り上げた三つの事例では、いつ、どこで、どんな状況で親が転倒したのかを、家族はまずケアマネジャーに報告しています。次に、ケアマネジャーとともに転倒現場や内服薬などを検証し、転倒の原因を特定します。場合によっては、理学療法士や看護師、福祉用具専門相談員などの専門職にも検証作業に関わってもらいます。転倒の原因はさまざまな要素が重なり合っている場合もあるので、住環境、本人の体調、内服薬の副作用などを、多方面から検証して、改善策を講じるようにしましょう。

● ポイント

- ●転倒・骨折は、要介護状態の入口と心得よう
- ●半年に1回は、自宅のバリアフリー点検を受けよう
- ●転倒してしまったら、原因を探り、改善策を講じよう

161

6　親の介護は平均5年弱続く

漁平　渚、若い頃、オレの親父が『年寄りになっても、なるべく子どもの世話にはなるな』って言っていたことを最近よく思い出すよ。俺も、いつまでも母さんや渚の世話になるだけでなく、自分の人生なんだから、自分でやりたいことをやっていこうと思う

渚　そう？　親の面倒みるのは子どもの義務だから、私はお父さんの世話をしているって感覚はないけどね

漁平　生まれたばかりの子どもが、よちよち歩きできるようになると、まわりは喜ぶよな。オレもこの年になって、よちよち歩きになったけど、いくつになっても一人立ちするってことが必要なんじゃないかと…

渚　そうだね。年老いた親の姿をみるのは、娘としてはつらいけど、年をとっても、気持ちは前向きでいてくれたらうれしいな

●介護はゴールのないマラソン？

　公益財団法人生命保険文化センターが2018年（平成30年）に行なった「生命保険に関する全国実態調査」によると、過去3年間に介護経験がある人に、どのくらいの期間介護を行なったのかを聞いたところ、介護を行なった期間（現在介護を行なっている人は、介護を始めてからの経過期間）は平均54.5か月（4年7か月）になりました。このなかには、介護を理由に仕事を辞めた人や、仕事を続けながら介護をした人が含まれています。

　もっとも多い期間は「4年から10年未満」で28.3％、次いで「10年以上」と「3年から4年未満」が14.5％、4年以上介護した割合が全体の4割を超えています。つまり、平均5年弱は介護生活が続くということです。

　ひとたび親の介護が始まると、果たしていつまでこの生活が続くのかと、誰しも不安にかられます。入院であれば、病気やケガの治療が終われば、退院というゴールがあります。一方で親の介護は、ゴールのないマラ

◆ **親の介護期間** ◆

6か月未満	6か月〜1年未満	1〜2年未満	2〜3年未満	3〜4年未満	4〜10年未満	10年以上	不明	平均
6.4%	7.4%	12.6%	14.5%	14.5%	28.3%	14.5%	1.7%	54.5か月（4年7か月）

出典：公益財団法人生命保険文化センター「生命保険に関する全国実態調査」（平成30年度）より

ソンともいえます。ゴールがない道をひたすら走り続けることは、誰にとっても大きな苦痛です。しかし、要介護の状態や疾患にもよりますが、平均5年程度続くと考えておけば、一応のゴールがみえてきます。

　もちろん、10年以上、自宅で親の介護をしている人もいます。あくまでも一般論ですが、親の介護に対する「やり切った感」「達成感」が重要で、家族が親の介護で離職や体調を崩したり、家庭崩壊を招く前に、自宅以外の居住先を検討してみてはどうでしょうか？

● **親の生きがいを見つける**

　親が、介護が必要な状態になったとしても、リハビリや介護保険サービスなどを受けながら、できるだけ自立した日常生活を送ってもらうことが、子どもにとっての切実な願いです。

　そのためには、趣味活動や仲間づくりなどを通した社会参加や生きがいづくりが重要になってきます。「自分には、何も趣味はない」という親でも、必ず好きなことがあるはずです。親の若い頃を思い出して、たとえば昔カメラに夢中になっていたとしたら、通所施設の外出レクリエーションで、風景や仲間の写真を撮影し、プリントして仲間にあげることを勧めてください。きっと喜んでくれることでしょう。

　自宅で主宰していた絵手紙教室を、今度は通所施設で講師として他の利用者に教えている人もいます。「自宅での教室はあきらめたけど、また教えられる機会ができるとは…」と喜んでいます。「一人でいるのは寂しいから、人と会って話すことが楽しみ」と、会話や交流を目的に通所施設に通う親世代も多いです。

親が通所施設でどんなことに興味を持っているのかを知るためには、通所施設の連絡帳をこまめに確認することです。連絡帳には、その日の体温や血圧、食事量などのほか、その日に何をしたかが記載されています。この内容を把握することで親との共通の話題ができ、趣味活動に対する親の興味や関心を引き出すことができます。

事例1 ◆ **趣味のちぎり絵が生きがいに** ◆

　波多野夕子さん（仮名、85歳・女性、要介護1）は、通所施設のレクリエーションで、ちぎり絵をしています。スタッフから手ほどきを受けすっかり気に入ってしまい、自宅でも製作に励むようになりました。

　できた作品は、自宅の居間に飾ったり、地元で毎年秋に開催される市民文化祭に出品するほどになりました。波多野さんは、「ちぎり絵をしているときは夢中で、自分が老人であることを忘れて没頭しています」と話しています。

●認知機能を維持するためには

　高齢期になっても創作活動などを続けるためには、一定の認知機能を維持する必要があります。「自己啓発活動の主な要素である余暇活動は、認知機能の低下抑制に有効であることを支持するエビデンスは多い」とも言っています。つまり、「もう歳だから」と言って自宅で何気なくテレビを観て過ごしているより、「まだ何かできることがあるのでは？」と趣味活動や余暇活動に参加する人のほうが、認知機能を維持し、認知症になりにくいのです。

　参加の方法についても、先の絵手紙教室のように、教える側にまわるほうがより高度な認知機能が求められ、その結果、認知機能を維持することにつながります。自治会活動などでも、一般の自治会員より会長や会計など役員のほうが、実務や責任、気配りを求められる分、認知機能の維持により効果的といわれています。

第5章●介護生活をもっと充実させる方法

　このように、充実した介護生活を送るうえで大切なことは、衰えた心身の機能にばかり目を向けるのではなく、できるだけ外出する機会を増やして各種活動に主体的に参加したり、仲間づくりを通して自分の居場所や生きがいを見つける、ということなのです。

事例2 ◆ **認知症になっても会計担当を継続** ◆

　認知症になっても、自治会の会計担当を続けている人がいます。潮田和夫さん（仮名、81歳・男性、要介護2）は、銀行マンとして勤め上げ、定年退職後はその実績を買われ、地元自治会の会計担当として10年以上にわたって金銭管理を引き受けていました。

　そんな和夫さんですが、計算をたびたび間違えるようになって専門医を受診したところ、初期の認知症と診断されました。普通なら会計の仕事は無理と判断され、辞めるところですが、会長はじめ役員の配慮で、もう一人の会計担当が全面的に補佐するという条件で、和夫さんに引き続き会計担当をお願いしたのです。和夫さんは、「こんな自分でも、自治会の皆さんが自分を必要としくれていることがうれしい」と話しています。

　認知症になったとしても、周囲のあたたかい見守りや援助により、潮田さんの居場所が確保され、生きがいにつながったのです。また、会計の仕事を続けることが、認知症の症状の進行を遅らせることにも役立っています。

●ポイント

- 親の介護は平均5年続くと心得よう
- 親の生きがいづくりや、社会活動への参加を促そう
- 認知症になったとしても、親の存在価値を認めよう

7 物忘れと認知症、何がどうちがう？

漁平　母さん、あれどうした？　あれだよ、えーっと何だっけ？

浪江　お父さん、何のこと言ってるの？

漁平　あれだよ

浪江　あれって、何よ

漁平　えーっと、この前買った眼鏡だよ。どこに置いたっけ？

渚　お父さん、大丈夫？　最近、「あれ、それ」が増えてきたよ

漁平　すぐに名前が出てこないんだよ、最近は

●老化による物忘れと認知症のちがい

　歳をとると、脳も人体の一部ですから、当然のように老化していきます。このため、物や人の名前がすぐ出てこない、財布や眼鏡などを置き忘れる、勘違いが増えるなどの症状が増えてきます。これらは老化による物忘れですが、認知症でも物忘れはよく起こります。では、老化による物忘れと認知症による物忘れは、どうちがうのでしょうか？

　次ページの表は、両者を比較したものですが、ここで示している認知症による物忘れは、かなり進行した症状の場合です。認知症は徐々に進行する特徴があり、数日の間に症状が一変することはまずありません。このため、認知症の初期段階では、老化による物忘れとのちがいがほとんどないのです。

　漁平さんの場合、冒頭の会話では、「あれ」が「この前買った眼鏡」だと思い出すことができました。この段階では、まだ認知症とは判断されず、「老化による物忘れ」となるでしょう。しかし、渚さんが指摘してい

第5章 ●介護生活をもっと充実させる方法

◆ 老化による物忘れと認知症による物忘れのちがい ◆

	老化による物忘れ	認知症による物忘れ
記憶	体験の一部を忘れている とっさに思い出せない ヒントで思い出せる	体験した全体を忘れている 最近の出来事の記憶がない
見当識	人の名前が出てこない 現在の時間がわかる 自分のいる場所がわかる	人の顔を忘れる 現在の時間がわからない 自分のいる場所がわからない
日常生活	日常生活を支障無く生活できる	日常生活を営む事が困難
判断力	判断はできる	判断ができない
進行性	進行しない	進行する
人格	人格変化無く、維持される	人格崩壊を招く場合もある

るように、最近「あれ、それ」が増えてきているので、このまま放置すると、物忘れがどんどん進行し、やがて初期の認知症と診断される日がくるかもしれません。自分の親になってほしくない疾患の第1位が「認知症」という調査結果があります。誰も好んで認知症になるわけではないのですが、いつまでも親に元気でいてもらうために、次のことを実践してもらうよう働きかけましょう。

●効果的な認知症予防策

①外出する機会を増やす

　外出は、身支度を整えることから始まります。家での普段着から外出用の衣類に着替えて外に出ることは、気持ちを前向きにします。外出する目的は問いません。気ままな散歩でも、近くのコンビニに新聞や雑誌を買いにいくことでもかまいません。

　もし、親が1日1回も外出しない生活を送っているとしたら、まずは、1日1回、家から外に出ることを日課とするよう促してください。

②人と会って話す機会を増やす

　一人暮らしだと、なかには1日何も話さずに生活している人もいます。これでは脳がますます衰えて、認知機能を低下させることになります。

　人と会うのは、必ずしも友人や知人である必要はありません。近所の人

167

と挨拶するだけでもいいのです。離れて暮らす親が一人暮らしだったら、まずは近所の人と会話するよう促してください。

　最近は同居していても、ほとんど会話のない老年夫婦も増えてきました。他人と会話することで、脳内スイッチがオンの状態になるので、できるだけ他人と会って話す機会をつくるよう働きかけてください。

③毎日行くところと日課を決める

　「教育」と「教養」は高齢者の場合、「今日行くところがある」ことと、「今日用事がある」ことを指すそうです。毎日決まっていくところがあることで、生活に張りが出てきます。たとえば公民館に行って、囲碁や将棋をすることでもいいでしょう。近くの自治会館で高齢者向けの体操教室があれば、それに参加することも効果的です。健康器具の実演販売の会場に毎日行き、マッサージ機にかかることを日課としている人もいます。

　親が毎日どんな生活をしているかを確認したうえで、1日どこにも行かない日があるようならば、①でも紹介したとおり、積極的に外出して日課となる行動をするよう促しましょう。

④生活習慣病を予防する

　アルツハイマー型認知症や脳血管性認知症は、糖尿病や高血圧症が原因となって引き起こされるといわれていますから、これらの生活習慣病を予防することが、認知症予防にもつながります。

　すでに親が糖尿病や高血圧症などにかかっている場合は、定期的に医療機関を受診し、内服薬や運動習慣などにより、症状を悪化させないよう働きかけてください。また、現在これらの生活習慣病にかかっていなくても、食事や運動習慣を心がけ、健康を維持することが予防につながります。

ポイント

● 認知症は徐々に進行すると理解しよう

● 外出や日課の実践を促そう

● 食事や運動習慣で生活習慣病を予防しよう

第5章 ●介護生活をもっと充実させる方法

高齢ドライバーの運転免許はいつ返上したらいい？

　かつて高齢者は「交通弱者」といわれ、事故の被害者側でした。しかし近年は、高齢者の数と高齢ドライバーが増えたこともあり、高速道路の逆走やアクセルとブレーキの踏み間違いなどにより加害者側にまわることが社会問題となっています。

　警察庁の発表によると、75歳以上の高齢ドライバーの数は、平成17年度末に236万5,000人あまりだったのが、平成27年度末には478万人と倍増し、今後もさらに増え続ける見込みです。これに伴い、この10年間の死亡事故件数が年々減少している一方で、高齢ドライバーの起こす死亡事故件数は横ばいを続け、構成比では平成17年度の7.4％に対し、27年度は12.8％と増加しています。

　長年運転していた車を手離し、運転免許を返上することは、親にとっては自らの老いと向き合うつらい瞬間ですが、自ら返上すると申し出た場合は、すぐにでも返上手続きに行ってください。まだその気にならないようでも、事故を起こす前に運転免許を返上するよう、家族が根気強く説得しましょう。

　運転免許を自主返納すると、顔写真つきの運転経歴証明書が交付され、身分証明書として使うことができます。また、運転経歴証明書を提示すると、特定の金融機関での定期預金の金利優遇や、ホテル・レストランでの飲食費の割引などの特典があります。さらに、日常生活での移動が不便になるため、介護保険の福祉用具貸与で、電動車いすやセニアカーがレンタルできる場合もあります。こうした代案を提示することも、本人を説得する材料にするとよいかもしれません。

　なお、自主返納のために最寄りの警察署までマイカーを運転して行くと、帰りは免許不保持で運転できないので、家族が付き添ってください。

1分でわかる第5章のまとめ

- 親の健康状態を日頃から知るように努め、介護が必要な状態になったとしても、能力の維持を図り、リハビリを受けられる介護保険サービスの種類を知り、状態に合わせて目標を設定する。

- 離れて暮らす親に会うときは、健康面や認知面で変化がないかを確認する。また、介護経験者から口コミ情報を集め、一人で抱え込まないようにする。

- 親の受診には可能な限り付き添い、主治医に対して気兼ねなく相談できる関係を築く。受診が難しくなったら、訪問診療や訪問歯科診療の利用を検討する。

- 転倒によるケガや骨折が、要介護状態になる原因の上位を占めているため、定期的に室内のバリアフリー点検を行ない、親の心身状態に合わせた対策を検討する。転倒事故が起きた場合は、その原因を専門家と検証する。

- 親の認知機能を維持するため、外出を促し、社会参加できる場所を確保する。介護保険で通所施設を利用している場合は、連絡帳を確認し、どんな活動に参加しているかを知り、共通の話題にする。

第6章

どうする？　親の認知症対策

第6章では、認知症の症状がみられるようになった漁平さんを通して、認知症の早期発見のためのチェック項目や、物盗られ妄想、徘徊への対応策、施設入所のタイミングや施設の種類、仕事と介護を両立させる方法などを紹介します。

1 徐々に進行する認知症の初期のサインを見逃すな！
（軽度認知障害）

漁平：母さん、昨日の夕飯何食べた？

浪江：お父さん、忘れちゃったの？

渚：思い出してみてよ

漁平：ええと、確かオレの好きなものだったような…

浪江：じゃ、ヒント。揚げ物といえば？

漁平：あ、天ぷらだったな

渚 浪江：ああよかった、思い出してくれて！

● 認知症は誰もがなる可能性がある

　166ページで、認知症と加齢による物忘れのちがいを紹介しましたが、加齢による物忘れと認知症の中間にあたる状態を「軽度認知障害（MCI）」といいます。いわば認知症予備軍です。たとえば、「昨日の夕食に何を食べたか思い出せない」「同じ会話が多くなった」などです。昨日の夕食のメニューをヒントにしても思い出せなくなると、MCIの疑いがあります。ちなみに、食べたこと自体を忘れてしまうと、重度の認知症と診断されます。

　物忘れなどが多少気になる程度で、日常生活に大きな支障があるわけではないのですが、何もしないとMCIの患者の半数程度は、約4年でアルツハイマー型認知症へと症状が悪化していくといわれています。

　このほか、「段取りが悪くなり、家事や炊事がスムーズに行なえない」「外出時に服装や髪型に気を使わなくなった」「最近会った人や仲のいい人

第6章●どうする？　親の認知症対策

の名前を思い出せない」「物の置き忘れやしまい忘れが増える」「道に迷う」などの症状がみられたら、まずは、かかりつけの医師に相談してください。場合によっては専門医を紹介してもらいます。内服薬が処方された場合は、薬の効果や副作用など、生活状況を観察することが必要です。

●MCIの段階で対応する

　親の日常生活をよく観察し早く対策をとることで、MCIから認知症への進行を抑えることができたり、また進行を緩やかにすることが可能です。

　年齢を重ねれば、誰でも物忘れや勘違いが増えてきます。親と会話していて、いままでであれば、やや深まった会話が普通にできていたことが、最近はどうも会話が深まらない、一つの会話の中に同じエピソードが繰り返し出てくると感じたら、MCIのサインかもしれません。

◆ この段階で有効な介護保険サービスと期待される効果 ◆

介護保険の サービス名	サービス内容	期待される効果
訪問介護	ヘルパーの指示を受けて一緒に調理などを行なう	「自分もまだできる」という自信につながる
訪問看護	服薬管理や体調管理のほか、物忘れ予防の計算ドリルなど	看護師からの報告で、医師が症状を把握できる
通所介護	運動や脳トレ、漢字の書き取りなど	認知機能の維持。「できる」という自覚が持てる

●ポイント

- ●親の物忘れが気になりだしたら、かかりつけ医に相談しよう
- ●気になる親の行動を、できるだけ詳しく医師に説明しよう
- ●親の会話の中身をよく観察しよう

2 被害妄想が合図。始まったら冷静な対応を！
（認知症ランク中度）

漁平：母さん、オレの財布知らんか？

浪江：いつものカバンの中じゃないの？

漁平：ないんだよ。さては、渚が持っていったな

渚：冗談じゃないよ。お父さん！　私がお父さんの財布なんか持っていくはずないじゃない？

浪江：そうだよ、お父さん。しっかりしてよ！

漁平：いや、そんなはずはない

●いままでとちがう神経ネットワークができる

　ついに漁平さんの"物盗られ妄想"が始まり、病院で脳血管型とアルツハイマー型の混合型認知症と診断されました。

　認知症の被害妄想として代表的なのは、"物盗られ妄想"です。「嫁に財布を盗られた」「妻が通帳を隠した」などと、身近な人に被害を受けている、といった訴えです。

　原因として多いのは、認知症による記憶障害、つまり勘違いと、認知症の症状を認めたくないという不安心理です。『財布をどこかに置き忘れて見当たらない、でも自分の記憶障害を認めたくない』となれば、結論として「誰かが盗った」となります。認知機能が低下し、脳内の神経ネットワークが崩れると、こうした短絡的な思考になりがちです。

　私たちは日頃、かなり高度な脳の機能を使って仕事や家事、趣味活動などを行なっています。自分では意識せずとも、一度獲得した高度な脳機能をフルに活用して、社会生活を営んでいるわけです。

第6章●どうする？　親の認知症対策

　しかし、認知症になるとこの高度な脳機能が障害を起こし、新しい情報を記憶できなくなります。「思い出せない」のではなく、「覚えられない」のです。その苛立ちや不安感情が入り混じって、これまでとちがう神経ネットワークが作られてしまうのです。次のような事例はよくあります。

事例　◆ ヘルパーさんが疑われた！ ◆

　入船福子さん（仮名、85歳・女性、要介護１）は、慢性的な腰痛と膝痛を抱えていて、週２回、介護ヘルパーに買物や掃除を頼んでいました。以前は長男の幸雄さん一家が同居していたのですが、嫁とうまくゆかず、いまは別居して一人暮らしをしています。

　あるとき、福子さんが、「いつも来るヘルパーに加湿器を盗まれた」と言い出し、警察を呼んだことがありました。当初、警察も現場検証や関係者から話を聞くなど窃盗事件として扱いましたが、物的証拠がなく、福子さんの訴えも信憑性がないことから、認知症による被害妄想という結論に至りました。

　その後も福子さんは、「今度はヘルパーに財布を盗られた」「洋服をごっそり持っていかれた」などと警察に通報しましたが、警察も取り合ってくれません。長男の幸雄さんも、その都度警察から注意を受け、ほとほと困ってしまいました。

　福子さんはその後、専門医を受診し、中度のアルツハイマー型認知症と診断されて内服薬が処方されました。ヘルパーの会社も変更し、新たに訪問看護を利用したところ、"物盗られ妄想" は落ち着きました。

　福子さんは、長男一家と同居していた際、嫁といつも口喧嘩していて、「嫁が自分の悪口を言っている」とよく言っていました。そのときの被害感情が、認知機能の低下により "物盗られ妄想" に発展したのでしょう。

●親の被害妄想への対応方法

　冒頭の会話で、漁平さんの財布を盗んだと疑われた渚さんは、「冗談じゃないよ。お父さん！　私がお父さんの財布なんか持っていくはずないじゃない？」と強く否定しました。

　当然の反応ですが、漁平さんの"物盗られ妄想"の始まりと気づいたら、渚さんは感情を抑え、漁平さんの訴えに耳を傾けることが大切です。強く否定すると、漁平さんは「自分が財布を盗られた被害者なのに、なぜ娘から怒鳴られるんだ」とさらに感情的になって、逆効果になります。

　親に財布を盗まれたと言われ、穏やかに対応できる子どもはいませんが、意識して冷静に対応することが大切です。親が認知症になることを、子どもは認めたくありません。しかし、子ども以上に親は混乱しているのです。「親の認知症の症状が、いま出ているのだ」と冷静に受け止めましょう。

●日中はできるだけ外出を促す

　親の被害妄想がひどく、同居家族の心理的負担となる場合は、通所施設を利用することで、日中の介護負担を軽減することができます。

　なかには、認知症専門の通所施設（「認知症対応型通所介護」という）もあり、利用料は通常の通所施設と比べやや割高ですが、少人数で専門的な対応をしてくれます。認知症の症状が進行しないよう、脳トレや回想法

◆ "物盗られ妄想"への対応方法 ◆

第6章●どうする？　親の認知症対策

などの取組みも盛んです。

　自宅にいると、目に入るすべてのものが自分や家族の所有物なので、物がなくなると、すぐに誰かが持っていったという発想になりがちです。

　しかし外出先では、まわりの物品は人様のものですから、大事に扱わなければ、という意識が先に立ちます。この点でも、自宅にいるより外出先で過ごすほうが、ほどよい緊張感が生まれ、脳を刺激するのです。

　介護保険での通所施設のほか、自治会や公民館等で開催している高齢者サロンや趣味の活動などに誘うのも効果的です。通いの施設を積極的に活用しましょう。

◆ この段階で有効な介護保険サービスと期待される効果 ◆

介護保険の サービス名	サービス内容	期待される効果
訪問介護	ヘルパーと一緒に掃除や整理整頓、物探しをする。昔の写真や思い出の品で当時のことを語ってもらう	一緒に探してくれる人がいることで安心感につながり、精神状態が安定する
訪問看護	服薬管理や体調管理のほか、認知症の進行状況を観察してもらう	担当看護師からの報告により、医師が日頃の症状を把握できる
通所介護	気分転換のための外出、外食、幼稚園児との交流など	気分の安定が図れる

ポイント

● 親の被害妄想には冷静に対応しよう

● 混乱しているときは、趣味など別の話題にすり替えよう

● 日中は自宅を離れて外出を促そう

177

3 徘徊に進行する前に万全な対策を！
（認知症ランク中度）

浪江： 渚、お父さんが散歩に行ったきりなのよ。いつもなら30分くらいで帰ってくるのに、もう1時間になるから、ちょっと見てきてくれる？

渚： わかった、いつも3丁目の公園に行っているんだよね。見てくる

渚： お父さん、どうしたの？　いつもの公園行かなかったの？

漁平： 公園から帰ろうとして、家がわからなくなったんだよ。いいところに来てくれた

渚： よかった。お母さんが心配してるから、一緒に帰ろう

漁平： ああ、これからは一人で散歩するのも無理かな

渚： 潮見さんに相談してみようよ。何かいい方法あるかもしれないから

● 漁平さん、家に帰れなくなる

　「渚に財布を盗られた」と大騒ぎしてから3か月。今度は、散歩の途中で、漁平さんが家に帰れなくなる事件が発生しました。

　この頃になると、渚さんはある程度、漁平さんの認知症の症状について理解を深めていて、やさしく接することができるようになりました。

　外出先から戻れなくなったことをケアマネジャーの潮見さんに相談すると、GPS機能のついた端末機を持つことを提案され、早速手配しました。漁平さんの場合、目を離したすきに外出してしまうわけではないので、本人も納得して携帯することになりました。

　目を離したすきに親が外に出てしまう場合は、玄関内側の鍵を常に施錠したり、玄関ドアの上部など親の手の届かない場所に補助の鍵を設置します。特に、寝静まった夜間の外出の防止に有効です。また、玄関に乳児用のゲージを置くなどして、外出に抵抗感を感じるようにするのも一案です。

第6章●どうする？　親の認知症対策

●徘徊感知機器をレンタルする方法も

　介護保険の福祉用具貸与品目に「認知症老人徘徊感知機器」があります。これは、認知症の高齢者が屋外へ出ようとしていることなどをセンサーにより感知し、家族に通報するものです。要介護2以上の認定を受けていれば、ケアプランに組み入れることにより総額の1～3割でレンタルすることができます。なお、要支援認定者や要介護1の人でも、医師が必要と認める場合などは、申請により例外的にレンタルすることができます。

　これらは緊急を要する場合が多いので、必要と判断した場合はケアマネジャーに相談して、早急に設置するようにしましょう。

　このほか、服や持ち物、靴の内側などに、名前と連絡先を記したカードをつけておくと、自分で名前や連絡先が言えなくても、徘徊の途中で保護されたときに、身元が確認できます。

　最近は多くの自治体で、徘徊高齢者を地域全体で見守り、行方不明になった場合でも、警察や役所が事前に登録した市民や関係機関などにメール配信し、早期の発見・保護につなげるしくみができています。ただし、事前の登録が必要なので、もし親が徘徊する可能性があるなら、役所の窓口で事前に登録しておくとよいでしょう。

◆ この段階で有効な介護保険サービスと期待される効果 ◆

介護保険のサービス名	サービス内容	期待される効果
福祉用具貸与 （認知症老人徘徊感知機器のレンタル）	ベッド下や部屋のドア付近にマット状のセンサーを設置する	本人が移動してマットを踏むとアラームが鳴り、家族が気がつく

●ポイント

●外出防止のため玄関ドアなどに対策を講じよう

●介護保険適用の徘徊対応機器を活用しよう

●身元確認のための連絡先を携帯させよう

4 夜の介護が大変になったら ショートステイを利用する
（認知症ランク中度）

浪江：渚、お父さんのことだけど、最近、夜のトイレで起こされて、ゆっくり休めないんだよ

渚：それは困ったね。潮見さん、どうしたらいいですか？

潮見：夜も介護してくれるショートステイを利用されたらいかがですか？

漁平：オレは行かないよ

潮見：漁平さん、ずっと介護施設に泊まるわけではなくて、2泊ほどしたらまた家に帰れます。奥様が大変なので、協力してもらえませんか？

漁平：いやだね

渚：お父さん、お願いだから協力してよ！

●ショートステイで夜間の介護から解放される

　漁平さんは、退院後デイケアに週3回通っています。最近は、デイケアでも集中力がなく、リハビリもマンネリ化しています。昼食後は、30分ほど昼寝をすることも日課になっています。

　デイケアに行かない日は、ベッドからは起きますが、ソファで居眠りする時間が増えてきました。夜も9時には寝てしまうため、どうしても2時頃に目が覚めてしまうようです。日中の介護に加え、夜もトイレに起こされるため、妻の浪江さんは寝不足気味になってしまいました。

　こんなときは、泊りで預かってくれるショートステイのサービスがあります。ショートステイとは、その名のとおり「短期の滞在」です。1泊2日から最長30泊まで利用することができます。しかし、初めて泊りで介護施設を利用する際は、本人の同意を得ることが難しい場合があります。漁

第6章●どうする？　親の認知症対策

平さんも、「泊り」と聞いただけで、「オレは行かないよ」と利用に否定的
でした。
　では、親の同意を得てショートステイを利用してもらうには、どうした
らいいでしょう？　以下のような例はよくあります。

事例1 ◆「施設に入れられる」という不安を取り除く◆

　沖田たねさん（仮名、83歳・女性、要介護4）は、アルツハイマ
ー型認知症と診断され、現在、認知症対応型通所介護施設に、月曜か
ら金曜まで週5回通っています。介護者は85歳のご主人で、ヘルパ
ーの援助を受けながら、たねさんの身のまわりの世話をしてきました。
　しかし、ついにご主人が腰を痛め、動けなくなってしまいました。
たねさんを、ショートステイ施設に預けることになりましたが、たね
さんは、「泊りには行きたくない」と言い張っています。

ケアマネジャー「たねさんは毎日、日帰りの施設に通っていらっしゃ
（以下、CM）　　いますけど、お父さんが腰を痛めてしまったので、
　　　　　　　　少し休ませてあげるために、泊りに行ってもらえま
　　　　　　　　せんか？」
たね「私を施設に入れる気だろ？　私はいやだよ」
CM「そうではなくて、お父さんの腰が治るまでの間、何日か泊りで
　　お世話を受けて、また家に帰ってお父さんと生活できるんです
　　よ」
たね「本当にまた家に帰ってくるんだね」
CM「本当ですよ。協力してもらえますか？」
たね「まあ、2～3日ならね」
　こうして、たねさんはショートステイ施設の利用を開始し、実際に
はご主人の腰痛が治るまでの10日間、滞在しました。「施設に入れら
れるかもしれない」という不安を取り除くとともに、「また家に帰れ
る」という安心感により、拒否していたたねさんの説得に成功したの
です。

181

● 小規模多機能型居宅介護施設を利用したケース

　小規模多機能型居宅介護は、通所介護（デイサービス）を中心に利用しながら、必要に応じてショートステイや訪問介護を受けることができる介護保険サービスの一つです。認知症の症状の進行などで家族の介護負担が増えてくると、利用を検討するケースが多いです。

　通常の介護保険サービスは、訪問介護や通所介護、ショートステイなどを組み合わせて利用しますが、小規模多機能型居宅介護は、ランチでいったらお得感のあるセットメニューかもしれません。

　通所介護を中心に、訪問介護とショートステイの三つの介護保険サービスを顔なじみのスタッフから受けることができるので、利用者にとって安

事例2 ◆ **小規模多機能型居宅介護施設の利用で夫婦ともに安心** ◆

　小島マツさん（仮名、80歳・女性、要介護1）は、小規模多機能型居宅介護施設で週3回、通所介護を利用しています。軽度の認知症があり、同居のご主人（81歳）が身のまわりの世話をしています。また、家事が難しいので週2回、訪問介護でヘルパーに買物や調理、洗濯、掃除などを代行してもらっています。

　このほか、月のうち1週間は、同じ施設でショートステイを利用し、その間、ご主人は自分の用事を済ませたり、体を休めています。

　以前は、通常の訪問介護と通所介護を利用していましたが、小規模多機能型居宅介護施設の利用に切り替えました。「同じ施設に通ったり泊まったりできて、ヘルパーさんも顔なじみの人が来てくれるので、心配なくお世話になっています」とご主人は話しています。

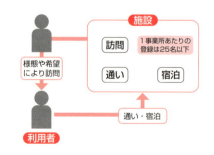

◆ **小規模多機能型居宅介護のイメージ** ◆

第6章 ● どうする？　親の認知症対策

心感があります。泊りでの介護の必要が生じたら、通い慣れた通所介護施設の一室で夜間の介護を受けることができます。

●ショートステイの利用を機に施設入所を検討

　夜間の介護が大変になったときが、在宅介護を続けるか施設入所を検討するかの分岐点かもしれません。この時点で、同居家族や別居家族の負担を考えて施設入所を検討する家族がいる一方で、ショートステイを利用しながら、「まだ老人ホームに入れるのは可哀想だから、もう少し自宅で過ごしてもらおう」と考える家族もいます。

　どちらがいいということはありませんが、本人の意向を踏まえつつ、たとえば利用するショートステイ施設が特別養護老人ホーム（特養）であれば、その特養に入所を申し込んでおくと、すぐには入所する意思がなくても、いざというときには入所できるという安心材料になります。

　また、親にもショートステイの利用を通して施設入所の疑似体験してもらうことで、「いずれは自分も入所するときがくるんだな」という覚悟を持ってもらうことができます。

　自分の親をショートステイ施設に預ける際も、子どもをお泊り保育に出すのと同様、「大丈夫だろうか。途中で帰ると言い出さないだろうか」と不安や心配がつきまといます。もちろん本人も初めて泊りで介護を受けることに、少なからず抵抗があります。自分から泊りに行こうと言う人はまずいません。

　しかし、夜間の介護が負担になった以上、ショートステイの利用は避け

◆ この段階で有効な介護保険サービスと期待される効果 ◆

介護保険の サービス名	サービス内容	期待される効果
ショートステイ	宿泊をともない、入浴や食事、排泄の介護や、各種レクリエーションなどが受けられる	利用中は、家族が休息できたり、旅行や冠婚葬祭などの用事を済ますことができる
小規模多機能型居宅介護	一つの施設で、通所介護を中心にショートステイや訪問介護も受けられる	同じ施設で顔なじみの介護スタッフが対応することで、心理的な安定が図れる

183

られない通過点です。たねさんのケースのように、「施設に入るための泊り」ではなく、「また家に帰ってくるための泊り」であることを強調しながら、説得を試みましょう。

◆ 小規模多機能型居宅介護のメリット・デメリット ◆

〈メリット〉

・必要に応じてデイサービス、ショートステイ、訪問介護の三つを選んで利用できる

・利用料は月額の定額制のため、月によって変動が少ない（ショートステイの利用日数によって、部屋代は変わることがある）

・顔なじみのスタッフが対応してくれ、初めてショートステイを利用する際も抵抗が少ない

〈デメリット〉

・地域密着型サービスのため、施設の所在地に住民票がないと利用できない

・在宅のケアマネジャーとの契約を解消し、地域密着型居宅介護施設のケアマネジャーに変更する必要がある

・リハビリや福祉用具貸与など他の介護保険サービスは利用できない

・トラブルが生じて解約したい場合は、すべての介護サービスをやめなければならない

● ポイント

● 夜間の介護が負担になったらショートステイを利用しよう

● 親が利用をためらう場合でも、根気強く説得しよう

● デイサービス、ショートステイ、ヘルパーが一体となった介護方法も検討しよう

第6章 ● どうする？　親の認知症対策

5 認知症カフェなど、新たな居場所づくりに挑戦
（認知症ランク軽度～中度）

潮見：漁平さん、駅前商店街の空き店舗に、今度「認知症カフェ」ができたんですけど、一緒に行ってみませんか？

漁平：行って何するんだ？

潮見：カフェですから、みなさんとお茶を飲んだり、おしゃべりしながら、医療や介護の専門の人もいて、楽しく過ごせるんですよ

渚：私も一緒に行って大丈夫ですか？

潮見：もちろん、大丈夫です

渚：お父さん、今度行ってみようよ

漁平：あまり気が進まないけど、暇だから行ってみるか

● 認知症カフェはオランダが発祥

　認知症カフェは、認知症の人とその家族が気軽に立ち寄れるカフェのことで、認知症の人とその家族だけでなく、地域の住民や、介護や医療の専門職など、いろんな人と交流を深めることができる場所です。

　認知症カフェは、1997年に認知症ケア先進国であるオランダの「アルツハイマーカフェ」から始まり、ヨーロッパを中心に広がりました。

　日本では、認知症の人とその家族の支援を目的に、2012年から国の認知症施策の一つとして普及が始まりました。2015年に国が「認知症施策推進総合戦略（新オレンジプラン）」の中心施策の一つとして位置づけ、全国すべての自治体の設置を目標に掲げたことで、急激にその数が増えています。「オレンジカフェ」と称している自治体もあり、厚生労働省の調査によれば2018年3月末現在、全国1,265市区町村で約6,000か所設置されてい

ます。次の事例のような感じで利用している人もいます。

事例 ◆ **心臓疾患をかかえながらスタッフとして働く** ◆

　船越凪子さん（仮名、85歳・女性、要支援１）は独身で、身のまわりのことは自立していますが、心臓に疾患があります。隣に住む三船さんと一緒に、自宅から歩いて３分ほどの介護施設の１階でやっている「認知症カフェ」に参加しました。

　初めは慣れない雰囲気に戸惑ったようですが、すぐに打ち解け、月１回開催されるカフェを楽しみにするようになりました。

　次第にお客様扱いされることに違和感を覚えた船越さんは、スタッフとして体を動かすようになり、いまでは参加者にお茶を出しながら、近所の話題で盛り上がることもあるようです。心臓に持病があり無理はできませんが、看護師などの専門スタッフもいるので安心です。

　凪子さんのように、お客様から運営スタッフに立場を代える人も少なくなく、参加する誰もが居心地よく過ごせるのが、認知症カフェのいいところです。

◆ 認知症カフェの７つの要素 ◆

【要素１】認知症の人が、病気であることを意識せずに過ごせる。
【要素２】認知症の人にとって、自分の役割がある。
【要素３】認知症の人と家族が社会とつながることができる。
【要素４】認知症の人と家族にとって、自分の弱みを知ってもらえていて、かつそれを受け入れてもらえる。
【要素５】認知症の人とその家族が一緒に参加でき、それ以外の人が参加・交流できる。
【要素６】どんな人も自分のペースに合わせて参加できる。
【要素７】「人」がつながることを可能にするしくみがある。

出典：「認知症カフェのあり方と運営に関する調査研究事業 報告書」（公益社団法人　認知症の人と家族の会）より

第6章●どうする？　親の認知症対策

●認知症カフェは「地域のお茶の間」

　前ページの事例で紹介した船越さんや、「認知症カフェの7つの要素」のように、認知症カフェは「地域のお茶の間」「まちの縁側」として、支える人と支えられる人という隔てがなく、地域の人たちが自然に集まれる場所です。利用料金は、1回数百円で、昼食が提供される場合は少し高くなります。調理実習や各種講座に参加すると材料費がかかる場合もありますが、介護度による料金の差はありません。

　介護保険サービスの通所施設を利用するには、要介護認定を受けていることや、事前に利用契約が必要ですが、認知症カフェはそのような必要がなく、気軽に立ち寄れる場所です。

　認知症を発症すると、「外出先に迷惑をかけるかもしれない」と家族は心配して、親の外出を抑える傾向があります。しかし、親が認知症になっても積極的に外出を促すことで地域社会とつながることができ、同じような悩みを抱える家族と親しくなれる機会もできます。杖や歩行器の使用など転倒予防策を講じたうえで、積極的に外出を働きかけましょう。

◆ この段階で有効な介護保険サービスと期待される効果 ◆

介護保険の サービス名	サービス内容	期待される効果
通所介護	入浴、昼食、外出、レクリエーション、趣味活動など	定期的に外出する習慣ができる
地域密着型通所介護	上記と同じ	少人数のため家庭的な雰囲気で気分が安定する
認知症対応型通所介護	上記に加え、脳トレなどの専門的取り組み	認知症の進行緩和が期待できる

ポイント

- ●認知症カフェは、全国各地に設置されている
- ●認知症の有無にかかわらず、まずは参加してみよう
- ●親の役割を見出し、居場所づくりを勧めよう

6 介護施設への入居のタイミングは？
（認知症ランク中度〜重度）

潮見さん、父がこのまま家で暮らせればいいのですが、母も年ですし、近い将来、介護施設への入居も考えないといけないと思うのですけれど…

いまは定期的にショートステイも利用されていますが、いずれ介護施設を検討する時期がきますね

そのときになってあわてないために、いまから準備しておくことはありますか？

以前は在宅か介護施設かという二択でしたが、最近はサービス付き高齢者向け住宅への入居や小規模多機能型居宅介護施設などができたので、まずは、どんな選択肢があるのかを知り、できれば見学しておくのがいいと思います

●高齢者の介護施設は多種多様

　認知症の症状の進行、介護者の体調不良や介護負担の増大などで、介護施設への入居を検討する時期は必ず訪れます。一口に老人ホーム・高齢者の介護施設といっても、近年は多種多様な施設が存在していて、入居の条件や費用なども、各施設によって大きく異なります。そもそも、各施設の機能や役割からちがいます（190ページ以降で詳しく説明）。そこで、選ぶ際のポイントをお伝えします。まず、何を優先するか、です。

　たとえば、「うちは経済的に余裕がないから、できるだけ費用を安く抑えたい」となれば、「費用」を優先し、公的な介護老人福祉施設である「特別養護老人ホーム」となります。しかし、都市部では、申し込んでから数年経っても入居できないほど人気が高いのも事実です。「費用」を優先する場合、「待機日数」を我慢しなければなりません。

　また、「費用は少し高くてもいいので、すぐにでも入居したい」という場合は、「待機日数」を優先し、民間の介護付き有料老人ホームとなりま

す。しかし、入居一時金や月々の費用がかさみます。

このように、何を優先するかによって、対象の施設が異なります。また、特養を申し込んでおいて、空いたら、いま入居している介護付き有料老人ホームから住み替える方法もあります。

このほか、親の要介護度や自立度、認知症の有無などによって選択の幅が限定されることもあります。たとえば、介護度が低く自分のことはほぼ自立している高齢者が入居するサービス付き高齢者向け住宅（サ高住）では、要介護3以上の高齢者は、入居相談の段階で断られる場合があります。以下で、介護施設へ入居した事例を三つみてみましょう。

事例1 ◆ 息子からの同居話を断って特養に入居 ◆

広瀬和男さん（仮名、85歳・男性、要介護3）は、脳血管障害による右半身マヒがあり、認知機能の低下もみられます。通所施設などを利用しながら、妻のセツさんが介護してきました。しかし、セツさんが持病の腰痛を悪化させ介護できなくなったため、以前から入居を申し込んでいた特養に入居することになりました。

別居している長男が、同居の提案をしましたが、和男さんは「息子にも生活があるし、迷惑はかけられない」と断り、特養の入居を決めました。家から歩いて30分ほどなので、妻のセツさんは腰痛が回復したら、できるだけ面会に行ってあげたいと話しています。

特養の入居費用は、食費や部屋代が安くなる負担限度額の制度を活用することができたため、多床室で月額約10万円です。

介護するご家族の負担を考えて入居する判断をされたようです。特養は要介護3以上の人しか入居できないのですが、費用が安いので希望者もたくさんいます。将来、入居を希望する人は早めに申し込んでおきましょう

◆ 特別養護老人ホームのメリット・デメリット ◆

〈メリット〉
- 認知症の有無に関係なく24時間365日介護を受けることができる
- 終身施設なので、終の棲家として安心して生活できる
- 入居一時金がなく、介護保険が適用されるため、費用が比較的安い
- 社会福祉法人等が経営しているため、業績悪化による倒産等の心配がない

〈デメリット〉
- 原則、要介護３以上の高齢者しか入居できない
- 希望者が多いため、申し込んでから入居できるまで時間がかかることが多い
- 入居中に医療機関に入院すると、一定期間内に退去を求められることがある
- 医療依存度が高くなると、退去を求められる場合がある

事例2 ◆ 家族がサ高住への入居を希望 ◆

　西海春江さん（仮名、90歳・女性、要介護２）は、長女の夏子さんと二人暮らしです。日中は一人になるため週３回、自宅近くの通所施設に通っていました。アルツハイマー型認知症と診断されていますが、足腰は丈夫なため、通所施設に行かない日は一人で外出してしまい、迷子になることが増えてきました。そのたびに警察の世話になることが、夏子さんの精神的負担になっていました。

　そんなとき、自宅から徒歩10分のところにサービス付き高齢者向け住宅（サ高住）がオープンし、入居者募集のチラシが入りました。サ高住とは、60歳以上の自立している人から要介護度が軽い人を対象に、三食の食事や日中の安否確認、生活相談などのサービスが付いた賃貸住宅です。

第6章●どうする？　親の認知症対策

　夏子さんは早速相談に行き、「要介護２で徘徊する母の入居はできますか？」と尋ねたところ、「大丈夫です」という返事だったため、オープンと同時に入居しました。入居一時金はかからず、月額の負担は介護費用を含め約20万円ですが、春江さんの厚生年金と遺族年金が約15万円あり、それに春江さんの預貯金から毎月５万円支出することにしました。

　サ高住への入居後は、建物の１階に併設された通所施設に月曜から金曜まで週５回通い、土日は夏子さんが面会に行くことになりました。入居当初は慣れない環境で戸惑いがみられましたが、平日は１階の通所施設に通うことで生活のリズムができ、落ち着いた生活が続いています。

◆ サービス付き高齢者向け住宅のメリット・デメリット ◆

〈メリット〉
・介護施設に比べ、月額料金が比較的安い
・建物や居室内は、バリアフリー仕様になっている
・賃貸住宅のため、外出なども自由にできる
・自宅で依頼していたケアマネジャーを変更しなくて済む

〈デメリット〉
・賃貸住宅のため、介護が必要になると介護施設等への住み替えが必要
・介護保険サービスは外部の事業所と契約する必要があり、月額費用が増えていく
・日常的に介護が必要となって転倒や容体が急変した際、医療サービスが遅くなるなどのリスクが高まる
・緊急時は通報システムで対応するため、事故につながりやすい
・認知症の症状が進行すると、退去を求められることがある

●認知症グループホームという選択も

　認知症グループホームは、認知症と診断された高齢者が共同生活する施設です。1ユニットあたり5人から9人で、施設というよりは、家庭の延長のようなアットホームな雰囲気のなかで、認知症専門のケアを受けることができます。地域密着型サービスなので、施設の存在する市区町村に住民票があることが利用条件となります。

事例3 ◆ **認知症デイサービスの利用者が認知症グループホームへ入居** ◆

　沖田知子さん（仮名、85歳・女性、要介護3）は、週4回、認知症デイサービスに通っていましたが、自宅での生活が困難となり、現在利用している認知症デイサービスと同じ法人が経営する認知症グループホームに入居しました。同じ敷地内にあるため、抵抗なく入居できました。自宅から歩いて15分ほどなので、夫は毎日のように面会に行っています。

◆ **認知症グループホームのメリット・デメリット** ◆

〈メリット〉
・入居者が少ないため、家庭的な雰囲気でケアが受けられる
・介護スタッフも少人数のため、なじみやすい
・個室が基本で、プライバシーが確保される

〈デメリット〉
・医療スタッフがいないため、医療ケアが必要な人は入居できない
・入居費用が比較的高い
・認知症の症状が進行し、共同生活が困難になると退去を求められる
　場合がある

　以前は自宅か施設入所かの二者択一を迫られることが多かったのですが、最近は西海さんが入居したサ高住（在宅扱い）や、沖田さんが入居し

第6章●どうする？　親の認知症対策

た認知症グループホーム、それに住宅型有料老人ホーム（施設扱いで介護サービスは外部委託）など、自宅でも老人ホームでもない「第三の選択肢」ができました。親の自立度や認知症の症状の有無などをよく見極めたうえで、これらの住まいへの転居も、選択肢の一つにしていただければと思います。

●民間の紹介会社を活用

　介護施設探しは、担当ケアマネジャーに相談するほか、民間の老人ホーム紹介会社から紹介してもらうケースが増えています。紹介料は無料で、立地、入居費用、入居時期などの条件を伝えると、希望に近い介護施設を紹介してくれます。見学に担当者が同行し、アドバイスを受けられる場合もあるので、活用してみてはいかがでしょうか。

ポイント

- ●施設探しは、何を優先するかを決めてから絞り込もう
- ●「要介護3」の認定を受けたら、将来の施設入所を検討しよう
- ●サ高住への入居など、「第三の選択肢」も検討しよう

7 介護の負担は家族で分担して乗り切る

浪江　私の代わりに渚がお父さんの通院の運転をしてくれるんだね

渚　そう思ってたんだけど、月1回だから、お兄ちゃんが休みを取って付き添ってくれるって

浪江　洋介、仕事のほうは大丈夫なのかい？

洋介　うん、有休も残っているし介護休暇も取れるから、それで何とかなるよ。母さんや渚にばかり負担かけて申し訳ないからね

浪江　助かるよ

洋介　うちの会社でも、親のために介護休暇を取る人が増えてきたよ

●介護の苦労は仲間に打ち明ける

　介護生活が長くなると、どうしても自分ばかり負担を強いられているという気持ちになってストレスもたまりがちです。兄弟姉妹での関わりの度合いや、金銭的なことも含めて、親族間で不公平感が表面化するケースが少なくありません。また、親の介護と子育ての「ダブルケア」に直面している人もいるでしょう。仕事を持っていれば、「仕事と介護の両立」が大きくのしかかってきます。

　こんなとき頼りになるのが、同じ境遇の仲間です。親しい友人や知人が、同じ時期に両親や義理の両親の介護に直面していたら、ぜひ打ち明けてください。介護の苦労は、実際に経験した人でないとわからないものです。

　日頃の苦労話をお互いに語り合うことによって、問題が解決するわけではなくても、自分自身の気持ちの整理がつくものです。過去に介護で苦労した人の経験談は、貴重なアドバイスになるでしょう。

第6章 ● どうする？ 親の認知症対策

　もし、身近に親の介護で苦労している人がいなければ、「介護者の会」などに参加するとよいでしょう。どこで開催しているかは、地元の地域包括支援センターなどに相談すれば、教えてくれます。

　なかには、「日々の介護で忙しいのに、とてもそんな余裕はない」という人もいるでしょう。しかし、忙しいなかでも介護から解放されて、自分の時間を持つことが大切です。介護者同士の集まりに参加することで、「自分だけではない。また頑張ろう」という前向きな気持ちになれるからです。ただし、頑張り過ぎないようにすることも、長期にわたって介護するときの重要なポイントです。

● ダブルケアでは子育てを優先

　40代から50代は思春期の子どもの教育や進路などで、親として時間を割かなければならない世代でもあります。晩婚化がすすみ、こうした時期に、親の介護問題が重なる場合も今後ますます増えてくるでしょう。

　よく、「子育てと親の介護、どちらを優先したらいいでしょうか？」と相談を受けますが、「まずは子育てや子どもの教育を優先してください」と助言します。「子どもには未来があり、年寄りには将来がない」といった単純なことではなく、高齢者には家族に代わって介護や世話をするサービスがある、ということです。介護保険サービスもその一つで、介護のプロがいるので、ある程度任せたらよいと思います。

　もちろん、うまく両立できればそれに越したことはありませんが、両立が難しい場合は、子育てや教育に時間と労力を割くのがよいと思います。

● 仕事をやめないことを前提に

　「仕事と介護の両立」も、直面している人には悩ましい問題です。

　親や配偶者の介護問題を理由に離職する人は年間10万人を超え、このままでは労働力の減少に拍車がかかり、国全体の経済活動にも支障をきたします。政府は2020年代初頭までの「介護離職ゼロ」の方針を打ち出し、介護休暇を取りやすくするなど、対策を講じています。

　40代、50代にとって、男女問わず仕事は大切です。何よりも収入が途絶

195

えると、日々の生活に支障をきたします。高齢者の社会参加に認知症予防や閉じこもり防止の効果があるように、現役世代にとっても、仕事に従事していることは、大切な社会参加の機会でもあります。

　もし、仕事をやめて介護に専念するとなると、経済的な不安が重くのしかかると同時に、やがて"燃え尽き症候群"になり、ひいては"介護うつ"になることも懸念されます。「大事な親や配偶者のそばにいて世話をしたい」という気持ちは尊重しますが、「仕事と介護の両立」では、まずは仕事に軸足を置いて考えることが大切です。

　介護休暇制度や職場の各種制度を活用し、可能な限り仕事を続けながら、親や配偶者の介護が続けられるようにしてください。

● ポイント

- 親の介護は一人で抱え込まない
- 離れて暮らす家族にも役割を担ってもらおう
- 介護休暇制度などを活用し、離職を防ごう

第6章●どうする？　親の認知症対策

1分でわかる第6章のまとめ

・親の物忘れが気になり出したら、まずは、かかりつけの医師に相談し、場合によっては認知症の専門医を紹介してもらう。

・被害妄想の症状がみられたら、やや認知症の症状が進行したと受け止め、専門医を受診する。また、日中はできるだけ外出するよう働きかけ、気分転換を勧める。

・徘徊の症状がみられたら、玄関ドアの施錠や認知症老人徘徊感知機器（介護保険の対象）などを導入する。また、自治体の徘徊高齢者早期発見システムに登録する。

・夜間の介護に負担を感じるようになったら、ショートステイや小規模多機能型居宅介護施設の利用を検討する。

・認知症カフェなどに参加し、できれば運営側にまわることで親の役割意識を高め、自宅以外での居場所をつくる。

・特別養護老人ホームへの入所は、申請要件の「要介護3」になったら将来を見据え、自宅から比較的近い特養を見学したうえで申し込む。

・民間の老人ホーム紹介会社を活用し、条件に合った施設を紹介してもらう。

・介護休暇制度や職場の各種制度を活用し、介護による離職を避ける。

エピローグ

　本書では、脳梗塞で倒れながらも、リハビリに励み自立を目指す浜野漁平さんの姿を通して、要介護認定の訪問調査の受け方や介護保険サービスの使い方、また介護スタッフやケアマネジャーとの接し方など、初めて親の介護に直面した浜野家の人たちの奮闘ぶりをストーリー仕立てで紹介しました。

　漁平さんは、アルツハイマー型と脳血管性の「混合型認知症」と診断され、「財布を盗まれた」と長女の渚さんを疑ったり、散歩の途中で道に迷うなど、騒動を起こすこともありましたが、認知症の親にどう接していくかは、介護をする子どもにとって重要な課題です。また、できるだけ外に目を向け、自宅以外に親の居場所を見出すことが大切です。ケアマネジャーに勧められて参加した「認知症カフェ」の雰囲気を、漁平さんは気に入ったようでした。社会も徐々にですが、認知症の人たちを受け入れる体制ができつつあります。

　本文でもお伝えしたとおり、親の介護で心身ともに疲れ切る前に、身近な人に「SOS」を出し、介護の苦労話を打ち明けてください。そして、介護仲間をつくり、お互いに愚痴をこぼしたり、励まし合いながら、親の介護を乗りきっていただければと思います。

　本書をお読みになり、タイトルどおり、親の介護に関する不安や疑問が一つでも多く解消されることを願っています。また、親の介護を続けている間は、ぜひお手元に置いて、疑問を感じた際の手引きにしていただけたら幸いです。

　2019年11月　　　　　　　　　　　　　　　　　　　　　田中　克典

田中克典（たなか　かつのり）

1962年、埼玉県生まれ。日本福祉教育専門学校卒業後、福祉系の出版社を経て東京都清瀬療護園（重度身体障害者入所施設）、清瀬市障害者福祉センター（デイサービス、ショートステイ）などで介護経験を積む。1984年にはインド・コルカタの故マザー・テレサ女史の運営する施設で介護体験し、テレサ氏とも懇談する。2000年、介護保険制度発足と同時にケアマネジャーの実務に就き、現在、SOMPOケア㈱の現役ケアマネジャーとして、常時約40人を担当している。ＮＰＯ法人小江戸ふぁみりぃ理事長。著書に『介護保険のかしこい使い方』（雲母書房）がある。

やるべきことがストーリーでわかる

親の介護の不安や疑問が解消する本

2019年12月20日　初版発行

著　者　田中克典 ©K. Tanaka 2019
発行者　杉本淳一

発行所　株式会社 日本実業出版社　東京都新宿区市谷本村町3-29 〒162-0845
　　　　　　　　　　　　　　　　大阪市北区西天満6-8-1 〒530-0047
　　　　編集部 ☎03-3268-5651　　振　替　00170-1-25349
　　　　営業部 ☎03-3268-5161　　https://www.njg.co.jp/

印刷／厚徳社　　製本／共栄社

この本の内容についてのお問合せは、書面かFAX（03-3268-0832）にてお願い致します。
落丁・乱丁本は、送料小社負担にて、お取り替え致します。

ISBN 978-4-534-05747-1　Printed in JAPAN

読みやすくて・わかりやすい日本実業出版社の本

ムリなくできる親の介護

工藤広伸
定価 本体1400円（税別）

祖母、母、父と連続で介護を経験し、二度の介護離職を余儀なくされた著者が、"しんどくならない介護のコツ"を紹介。「こんなときどうすればいい？」が「こうすればもっと楽になる」に変わります。

最新
図解でわかる　介護保険のしくみ

服部万里子
定価 本体1500円（税別）

2018年4月施行の改正介護保険法に対応したロングセラーの最新版。改正点とともに、介護認定の仕方から各種サービスの内容、介護保険外の市町村の総合事業などまで、わかりやすく解説しました。

夫の死後、お墓・義父母の問題をスッキリさせる本

大﨑美生＋佐藤みのり
定価 本体1400円（税別）

「残された義母の面倒をみたくない」「夫と同じお墓に入りたくない」「今後の生活が不安」と悩む既婚女性が増えています。本書は、これらを解決する手段を、ケース事例を通してアドバイスします。

親族を代表して、成年後見のしくみについて専門家に聞いてきました

小林禎周＋三崎高治
定価 本体1500円（税別）

認知症の親を子どもが後見人として保護、支援していくケースを想定し、Q＆A形式で専門家が解説します。制度の基礎知識から、日々すべきこと、亡くなった後の対応まで、イチからわかる入門書！

定価変更の場合はご了承ください。